2021

天府金融指数报告

（2021）

涂永红　主编
何　青　副主编

西南财经大学出版社
中国·成都

图书在版编目(CIP)数据

天府金融指数报告.2021/涂永红主编;何青副主编.—成都:西南财经大学出版社,2022.11
ISBN 978-7-5504-5602-0

Ⅰ.①天… Ⅱ.①涂…②何… Ⅲ.①地方金融事业—经济发展—研究报告—四川—2021 Ⅳ.①F832.771

中国版本图书馆 CIP 数据核字(2022)第 206336 号

天府金融指数报告(2021)
TIANFU JINRONG ZHISHU BAOGAO(2021)
涂永红 主编
何 青 副主编

策划编辑:孙婧
责任编辑:王利
责任校对:植苗
封面设计:墨创文化
责任印制:朱曼丽

出版发行	西南财经大学出版社(四川省成都市光华村街 55 号)
网 址	http://cbs.swufe.edu.cn
电子邮件	bookcj@swufe.edu.cn
邮政编码	610074
电 话	028-87353785
照 排	四川胜翔数码印务设计有限公司
印 刷	成都市火炬印务有限公司
成品尺寸	170mm×240mm
印 张	8.25
字 数	99 千字
版 次	2022 年 11 月第 1 版
印 次	2022 年 11 月第 1 次印刷
书 号	ISBN 978-7-5504-5602-0
定 价	48.00 元

编委会名单

主　　编　涂永红

副 主 编　何　青

编　　委　（排名不分先后）

王江渝　厉　鹏　关　伟　张　畅　张　策

陈　倩　周梓楠　秦　丽　钱宗鑫　郭　彪

黄　毅　黄继承

前言

近年来，我国对于发展金融业和建设金融中心的政策支持力度不断加大，区域金融中心快速发展，金融业态不断创新。为了综合评估各中心城市金融发展的成果和突破性进展，促进城市之间相互了解，实现错位竞争，增强金融服务实体经济能力，本研究团队自2017年起编制天府金融指数，并每年更新数据、动态发布指数，进行比较研究。

对于指标体系设计，金融市场、金融机构、金融人力资源和金融从业环境等传统金融业态是主流金融指数所考虑的方面，天府金融指数也不例外。相较于现有的其他金融指数，天府金融指数的一大亮点是将新兴金融业态纳入评估体系。步入新时代，"一带一路"建设、长江经济带建设、京津冀协同发展、乡村振兴战略等给金融发展开拓了新空间，指出了新方向。在新发展理念指引下，科技金融、文化金融、绿色金融和农村金融等与创新驱动、文化自信、绿色发展、乡村振兴相适应的新金融业态方兴未艾。毋庸置疑，新兴金融业态拓宽了金融发展的广度与深度，拓展了创新驱动的方式与方法，已成为各地争建区域金融中心的重要趋势，是衡量地区金融发展潜力的重要指标。因此，天府金融指数体系中的新兴金融部分主要包括科技金融、文化金融、绿色金融和农村金融。

天府金融指数以"理论、政策、实践"为指标构建的基础，遵循以现有的金融中心理论为指导、兼顾未来金融业的发展趋势、充分考虑全面性和可获得性、动态追踪和评价金融体系的发展四个指标编制原则，既参考和借鉴世界上国际金融中心指数的构建标准，又充分考虑中国国情和特点，兼顾传统金融的发展模式和新兴的金融业态，力求系统、全面、准确地反映金融中心的现实情况和政策内涵。天府金融指数的编制选择了4个直辖市、26个省会城市（拉萨除外）和5个计划单列市，从金融市场、金融机构、从业环境、人力资源、科技金融、绿色金融、文化金融、农村金融八个维度进行评价。

2021年天府金融指数评价体系包含一个总指数、两个分指数和八个子指数，主要评价全国35个中心城市2020年度的金融发展情况。2020年，突如其来的新冠肺炎疫情给全球经济带来了前所未有的冲击，生产停滞、需求萎靡、产业链供应链循环受阻、国际贸易壁垒高墙渐起。疫情冲击的异质性和国内外经济金融形势的复杂性，给全国35个中心城市的经济建设和金融发展带来了机遇与挑战。总体来看，35个中心城市在2021年天府金融总指数中的排名变化不大，但从总指数得分和子指数动态发展来看，一些城市金融发展的步调更稳、韧性更强，能更好地驱动经济高质量发展，在新发展格局下更具有金融竞争力。具体而言，北京的国家金融管理中心、上海的国际金融中心地位进一步巩固；深圳、广州金融业发展面临挑战；杭州金融发展实现提质增效；南京、天津新兴金融业发展迅速；合肥、海口、长沙不断探索适合自己的金融发展之路，成效显著；成都、武汉金融业稳健发展；长春、哈尔滨、沈阳金融发展有了长足的进步。分区域来看，东部地区中心城市的总指数排名要显著优于中、西部地区中心城市。从传统金融领域来看，服务实体经济将会被放在更为突出的位置上。2020年是打好防范化解金融风险攻坚战的收官之年，高风险金融机构的处置、局部的债券市场违约、互联网金融的全面治理等重点领域风险不断得到释放。在此背景下，积极探索金融如何服务于经济高质量发展，在保持总量平衡、风险可控的基础上进行结构优化，引导金融机构加大对科技创新、“三农”、“小微企业”、绿色文化的支持，成为上海、杭州、成都、合肥、福州在传统金融领域提升得分的关键。从新兴金融领域来看，各地过去几年实践探索的成果开始显现。借助于金融科技变革金融服务方式，更好地与科技创新政策、产业政策相对接，依托本地的禀赋优势发展新兴金融业态，发挥金融在构建新发展格局中的作用，北京、杭州、成都、合肥在新兴金融领域的探索值得借鉴和推广。综合而言，改革创新、立足绿色、科技赋能、把握要素是各中心城市探索金融高水平发展模式、实现金融可持续和高质量发展、汇聚金融高素质人才的重要抓手。

本报告进一步聚焦成都金融发展分析。在本期天府金融指数报告中，成都金融总指数排第6名，传统金融分指数在2019—2021年维持在第7名，三年得分小幅增加；但新兴金融分指数有小幅退步，排名降低一位。报告指出，成都金融发展有三大亮点：第一，银行和券商表现突出，金融机构竞争力明显增强；第二，人才发展战略助力人才强市，人力资源战略取得突破性进展；第三，文化金融生态体系生机勃勃。与此同时，成都金融发展也存在短板，科技金融和绿色金融均有进一步发展的空间。进一步，报告从各子指数入手，从绝对和相对两个角度选择在各子指数方面排名前列和进步较大的城市加以分析，总结不同子指数层面的先进经验，更加全面地分析成都在金融业发展方面可借鉴的先进举措，并据此提出相关政策建议。

本报告围绕绿色金融开展专项研究。2020年9月22日，国家主席习近平在第七十五届联合国大会一般性辩论中向国际社会做出“碳达峰、碳中和”的郑重承诺。在“碳中和”目标指引下，我国绿色金融政策体系不断健全，绿色金融产品迅速发展。报告首先研究了全球主要的绿色金融理论、政策和发展模式，并分析国内外绿色金融标准，以期为我国绿色金融创新实践提供理论基础和借鉴。为了传播绿色金融创新经验，推动各地绿色金融发展，报告站在中心城市视角，参考“五大支柱”框架，从绿色金融政策、绿色金融标准、绿色金融市场、绿色金融产品、绿色金融合作五个维度介绍各城市可借鉴的绿色金融创新实践，希望助力全社会范围内绿色金融从蓝图理念到实践行动的跨越。报告最后提出政策建议，指出完整的绿色金融生态链包含标准体系、评估认证、数据统计、激励约束等环节，同时还要做好国际合作，充分发挥金融支持绿色低碳发展的资源配置、风险管理和定价的功能。

涂永红

2022 年 10 月

CONTENT 目录

第一章

2021年天府金融指数综合分析

第一节　2021 年天府金融指数概况

2021 年天府金融指数评价体系包含一个总指数、两个分指数和八个子指数，主要评价全国 35 个中心城市 2020 年度的金融发展情况①。根据 2021 年天府金融指数，各中心城市的总指数得分比较稳定。

一、2021 年天府金融总指数概况

2020 年，突如其来的新冠肺炎疫情给全球经济带来了前所未有的冲击，生产停滞、需求萎靡、产业链供应链循环受阻、国际贸易壁垒高墙渐起。联合国统计数据显示，2020 年全球生产总值萎缩 4.3%。在世界经济陷入衰退的国际环境下，中国经济也面临了来自需求和供给的双重挑战。面对疫情冲击以及更加具有不确定性的经济形势，我国在以习近平同志为核心的党中央的坚强领导下，实现了 2020 年国内生产总值同比增长 2.3%，是全球主要经济体中唯一实现经济正增长的国家。我国金融体系不仅经受住了危机的考验，没有出现重大金融风险，还有力地支撑了实体经济，服务于疫情防控和复工复产；在保持经济金融平稳运行的同时，保持了货币政策灵活适度，我国是少数实施正常货币政策的主要经济体之一；同时，我国积极主动扩大金融开放，成为“逆全球化”阴霾下的一抹亮色。

疫情冲击的异质性和国内外经济金融形势的复杂性，给全国 35 个中心城市的经济建设和金融发展带来了机遇与挑战，主要表现为以下三点：第一，在疫情迅速发酵的年初，如何处理发展经济和防范风险的关系，构建金融有效支持实体经济的体制机制，实现金融资源的高效配置，成为地方金融发展的关键问题；第二，中国在中小银行改革、注册制改革、现代

① 2021 年天府金融指数编制方法和指标体系详情请见附录二。

金融企业制度等重大基础性制度上不断突破，在外资持股比例限制、资本市场双向开放、中外机构管理人才合作等方面积极主动地扩大金融开放，中国国际金融中心、区域金融中心建设迎来新的契机；第三，随着“碳达峰、碳中和”目标的明确提出、高风险金融机构的有序处置、互联网金融风险的稳健化解，我国金融体系运行更加稳健，以金融改革创新兼顾支持经济高质量发展和防范金融系统性风险，成为各地金融发展的新趋势。总体来看，35 个中心城市在 2021 年天府金融总指数中的排名变化不大，但从总指数得分和子指数动态发展来看，一些城市金融发展的步调更稳、韧性更强，能更好地驱动经济高质量发展，在新发展格局下更具有金融竞争力。具体来看：

（1）北京的国家金融管理中心、上海的国际金融中心地位进一步巩固。北京、上海稳居天府金融总指数的前两名，总指数得分进一步提升。疫情危机之下，金融资源的分布更加集中，北京、上海作为全国金融资源配置的中心城市，在信贷、股权投资、企业上市融资等方面与其他城市拉开了较大距离。随着科创板注册制的兴起和国际化进程的加速，市场化特征更加突出的上海在资本市场领域表现出比较优势，与北京的得分差距有所缩小。

（2）深圳、广州金融业发展面临挑战。疫情危机之下，香港和内地的人员往来受到阻碍，粤港澳大湾区的金融合作面临较大挑战，深圳、广州作为大湾区的核心城市，与香港市场的联系最为密切，在陆港协同发展中受益最大；同样，交流受阻所产生的冲击也最大，导致其金融市场子指数和新兴金融业态中的多项发展指标表现不佳。因此，深圳的排名虽然稳定在第 3 名，但得分略有下降，广州的排名下滑一位。

（3）杭州金融发展实现提质增效。杭州高质量统筹疫情防控和经济与社会发展，建立健全常态化防控机制，推动传统金融和新兴金融协同发展、提质增效，在天府金融总指数中的排名跃升至第 4 名。杭州长期致力于通过科技创新在金融领域实现“弯道超车”，通过科技创新革新金融运作模式和服务方式，在科技金融、绿色金融领域表现抢眼，并通过新兴金融业态的发展反哺传统金融，在金融市场子指数、金融机构子指数上不断提升得分和排名。

（4）南京、天津新兴金融业发展迅速。南京和天津分别受益于人力资源和绿色金融的高增长，相较于2020年，其指数排名均进步一位，目前分别排第7名和第8名。自2017年开始编制天府金融指数以来，南京和天津强长板、补短板，都进步了两位，在前十名城市中表现突出。尤其是天津，凭借碳交易指标大幅度提高绿色金融排名，探索出了“绿水青山”和“金山银山”并重的经济高质量发展之路，但天津的传统金融领域还需进一步加强。南京在金融中心建设上“稳”字当头，传统金融领域稳健发展，新兴金融业态迎头赶上，区域金融中心地位稳定提升。

（5）合肥、海口、长沙不断探索适合自己的金融发展之路，成效显著。近四年以来，合肥总指数排名提升了三位，金融发展取得了长足的进步。其主要得益于合肥切实转变经济发展方式，在科技金融和文化金融领域取得了重要突破。合肥集中金融资源，精准服务科技创新企业，提升科技金融排名，取得了较好的成效。海口在天府金融总指数中的得分和排名都有较大提升。海南自由贸易港建设推动了海口金融的发展，它们积极探索发展与成熟的自由贸易港相匹配的离岸金融业务，成为推动海口金融建设的重要实践抓手。长沙大力推动直接融资，在股票市场上的排名大幅提升，在债券市场上保持优势，信用债券存量和增量均名列前茅。因其金融市场和绿色金融指标进步显著，长沙2021年排名比2020年提升一位。

（6）成都、武汉金融业稳健发展。成都、武汉两地充分挖掘自身的优势，因地制宜地采取措施，表现出较强的抗风险能力，出台了一系列针对性极强的措施，强化金融对实体经济发展的支撑作用，保投资、稳就业，在天府金融总指数中的排名保持不变。

（7）长春、哈尔滨、沈阳金融发展有长足的进步。得益于绿色金融子指数进步明显，在污水处理、空气质量和环保公共服务类企业上市等领域表现突出，长春金融发展的排名比 2020 年提升了五位，是本期进步最快的城市。哈尔滨本期进步两位，主要得益于哈尔滨市采取了若干措施引导金融资源向乡村振兴薄弱环节倾斜，农村金融得到了快速发展。沈阳高度重视金融机构发展，券商盈利能力增强，保险机构稳步发展，金融机构的竞争力快速提升，在 2021 年天府金融总指数中的排名也提升了两位。全国 35 个中心城市 2021 年天府金融总指数得分和排名情况如表 1-1 所示。

表 1-1　全国 35 个中心城市 2021 年天府金融总指数得分和排名情况

排名	城市	总指数得分	总指数排名变化①
1	北京	81.15	1（-）
2	上海	70.47	2（-）
3	深圳	62.18	3（-）
4	杭州	50.55	4（+1）
5	广州	50.09	5（-1）
6	成都	46.07	6（-）
7	南京	42.81	7（+1）
8	天津	39.98	8（+1）
9	重庆	39.22	9（-2）
10	武汉	38.64	10（-）
11	长沙	35.21	11（+1）
12	合肥	35.10	12（+1）
13	西安	34.58	13（-2）
14	郑州	33.42	14（-）
15	济南	32.84	15（-）
16	青岛	32.68	16（+1）
17	宁波	32.09	17（-1）
18	福州	31.30	18（+2）

① “-”表示排名不变，“+N”表示排名进步 N 位，“-N”表示排名退步 N 位。后同。

表1-1(续)

排名	城市	总指数得分	总指数排名变化
19	厦门	29.73	19（-）
20	昆明	29.13	20（+1）
21	沈阳	28.69	21（+2）
22	大连	28.13	22（-4）
23	南昌	26.79	23（+2）
24	南宁	26.47	24（+2）
25	长春	25.87	25（+5）
26	贵阳	25.36	26（-2）
27	哈尔滨	25.35	27（+2）
28	太原	24.79	28（-6）
29	石家庄	23.93	29（-1）
30	海口	23.51	30（+4）
31	兰州	22.44	31（-）
32	乌鲁木齐	22.40	32（-5）
33	呼和浩特	18.87	33（-1）
34	银川	14.73	34（-1）
35	西宁	13.70	35（-）

二、传统金融分指数和新兴金融分指数概况

在新发展理念指引下，与创新驱动、绿色发展、乡村振兴和共同富裕相适应的新兴金融业态在我国蓬勃发展，正在深刻地影响和改变着我国的金融格局。因此，天府金融指数在设计时兼顾传统金融指标和新兴金融指标，更好地反映各城市传统金融业态和新兴金融业态的发展动态，以便决策者有针对性地制定金融发展策略。表1-2展示了主要中心城市传统金融分指数和新兴金融分指数的排名情况。

传统金融分指数由金融市场、金融机构、从业环境和人力资源四个子指数构成，反映各个中心城市的传统金融发展动态。新兴金融分指数则由

科技金融、绿色金融、文化金融和农村金融四个子指数构成。相较于上期指数，传统金融分指数排名前十的城市没有变化，但新兴金融分指数前十排名仍处于变化之中。本期传统金融分指数排名前十的城市为北京、上海、深圳、杭州、广州、南京、成都、天津、重庆、武汉。新兴金融分指数排名前十的城市为北京、上海、深圳、杭州、广州、成都、重庆、合肥、武汉、天津。其中，北京、上海、深圳、杭州和广州在金融市场、金融机构等传统金融业态和科技金融、绿色金融等新兴金融业态方面都名列前茅，金融领域各方面的发展比较均衡。相较于上期指数，因为传统金融和新兴金融有长足的进步，杭州超越广州，在总指数中排第 4 名。天津继续夯实新兴金融基础，在新兴金融领域前进四位，跻身新兴金融分指数前十名。2021 年传统金融分指数和新兴金融分指数得分和排名情况见表 1-2。

表 1-2 2021 年传统金融分指数和新兴金融分指数得分和排名情况

城市	传统金融得分	传统金融排名	新兴金融得分	新兴金融排名
北京	84. 12	1	77. 49	1
上海	72. 62	2	67. 80	2
深圳	65. 07	3	58. 61	3
杭州	50. 98	4	50. 02	4
广州	50. 78	5	49. 23	5
成都	45. 65	7	46. 60	6
南京	48. 38	6	35. 94	12
天津	41. 96	8	37. 53	10
重庆	40. 11	9	38. 12	7
武汉	39. 48	10	37. 60	9
长沙	34. 45	14	36. 16	11
合肥	32. 71	17	38. 06	8
西安	36. 51	11	32. 20	13
郑州	36. 26	12	29. 92	15
济南	36. 13	13	28. 78	18

表1-2(续)

城市	传统金融得分	传统金融排名	新兴金融得分	新兴金融排名
青岛	34.07	16	30.96	14
宁波	34.36	15	29.27	17
福州	32.44	18	29.89	16
厦门	32.14	19	26.76	20
昆明	30.51	21	27.42	19
沈阳	30.88	20	25.99	23
大连	30.42	22	25.30	24
南昌	26.96	26	26.57	22
南宁	27.63	24	25.03	25
长春	26.72	27	24.82	26
贵阳	24.27	31	26.72	21
哈尔滨	26.49	28	23.93	27
太原	29.74	23	18.68	31
石家庄	26.38	29	20.90	29
海口	23.76	32	23.21	28
兰州	24.64	30	19.72	30
乌鲁木齐	27.16	25	16.53	32
呼和浩特	20.78	33	16.51	33
银川	16.20	34	12.91	35
西宁	13.73	35	13.67	34

三、排名前十城市金融综合发展分析

2021年天府金融总指数排名前十城市的排名情况整体稳定，只有少数城市排名发生了变动。排名前十的城市依次为：北京、上海、深圳、杭州、广州、成都、南京、天津、重庆、武汉。从动态变化角度看，杭州、南京、天津的排名上升一位，广州、重庆的排名分别下降一位和两位。

北京、上海、深圳、成都和武汉金融业抵御风险能力强，总指数排名同上期保持一致。北京金融改革成效明显，总指数得分稳步提高，辐射力、影响力和带动力不断增强。在科技金融和人力资源领域，北京不仅稳列第一，而且领先优势越发突出。上海在金融开放中不仅注重发挥高效配置国内金融资源的优势，还大力践行绿色创新发展理念，增加环保公共服务类企业A股上市公司家数，绿色金融子指数进步三位。深圳在传统金融受到较大冲击的情况下，努力弥补短板，本期在农村金融子指数上排名进步较大，农业及相关服务业企业A股上市公司家数和小型农村金融机构资产规模均位列全国第一。成都则因地制宜，夯实金融发展的基础，做强金融机构，增强人力资源竞争力，在文化金融领域继续领先，保持了金融发展的良好势头。武汉在长江经济带大保护中调整产业，将更多金融资源引入绿色金融、农村金融和科技金融，有效对冲了疫情的不利影响，总指数排名稳定。

四年来，杭州首次超越广州，在天府金融总指数中排第4名，主要源于杭州2020年在金融市场、从业环境、科技金融等多个领域的分数都有明显提高，尤其是在金融市场、直接融资方面发展迅速，科创板上市公司数量和市值、区域股权市场挂牌公司、PEVC（私募股权和创业投资）投资企业大幅增加。在新兴金融领域，杭州和广州分别在科技金融和绿色金融子指数上具有较强的比较优势，但是杭州的科技金融进步更大，拉开了与广州的距离。

南京与天津的排名上升一位。南京的传统金融领域优势进一步强化，尤其体现在从业环境上。南京在规模以上快递业务类、互联网宽带接入用户占比、市区绿化覆盖率、城市噪音等指标上位居全国前列，基础设施和城市环境得分较高。天津排名的上升应归功于绿色金融。天津碳排放配额累计成交额、CCER（中国核证自愿减排量）累计成交量均居全国第2名，发行绿色债券75.58亿元，居全国第7名。

受新冠肺炎疫情冲击，重庆在传统金融各领域排名小幅下滑，总指数排名稍有下降。但是重庆在新兴金融领域深耕细作，农村金融和文化金融保持较强优势。重庆在第一产业增加值、小型农村金融机构资产规模和新型农村金融机构从业人数三个指标上表现抢眼，农村金融子指数排名由2020年的第9名上升至第5名。在文化金融方面，重庆保持第7名。具体来看，重庆城镇居民文教娱乐现金消费支出比重较上期有大幅增加，文化产业企业进行并购交易的数量居全国第4名。

天府金融总指数排名前十城市各子指数得分和排名情况见表1-3。

表1-3　天府金融总指数排名前十城市各子指数得分和排名情况

城市	金融市场子指数		金融机构子指数		从业环境子指数		人力资源子指数		科技金融子指数		绿色金融子指数		文化金融子指数		农村金融子指数	
	得分	排名	得分	排名	得分	排名	得分	排名	得分	排名	得分	排名	得分	排名	得分	排名
北京	89.15	1	80.52	1	67.76	2	98.06	1	88.51	1	77.95	1	75.24	1	40.24	23
上海	77.26	2	73.15	2	68.05	1	71.61	2	74.09	2	74.93	2	64.81	2	28.21	32
深圳	72.17	3	66.71	3	66.61	3	54.63	3	67.11	3	64.93	4	44.28	3	57.16	6
杭州	58.33	4	37.51	5	60.90	5	47.81	7	48.77	4	62.70	5	37.91	6	55.83	8
广州	55.98	5	38.18	4	62.13	4	47.61	8	39.95	5	68.54	3	39.63	5	53.35	14
成都	42.92	7	33.45	6	55.05	7	52.05	4	32.84	8	54.57	8	43.61	4	84.33	1
南京	53.79	6	33.08	7	59.20	6	48.22	5	36.99	6	43.12	23	24.65	13	49.40	17
天津	40.95	8	32.12	8	47.18	14	48.12	6	31.60	10	58.31	6	25.56	12	31.99	30
重庆	37.46	12	27.63	12	50.61	11	45.65	10	22.11	17	53.10	9	35.16	7	59.26	5
武汉	39.61	10	26.11	15	49.95	12	43.12	11	32.17	9	51.51	10	25.67	10	55.05	9

纵向对比，从总指数得分增长率来看，除北京、上海和杭州外，其他城市的得分略有下降，排名前十城市的金融发展总指数得分平均降幅为1.91%。在疫情冲击下，金融的头部效应更加明显，北京、上海作为绝对的金融中心，得到了更多的市场认可和资源分配。尤其是上海，更加市场化的金融体系展现了灵活高效的特点，在不确定的环境下仍能够有效率地配置金融资源，服务于实体经济高质量发展。杭州在科技金融发展中独具特色，在疫情冲击下，线上互联、非接触金融服务发展迅猛。杭州在此方面有良好的基础，借势而为，在多个金融发展子指数上均取得了明显进步。

排名前十城市天府金融总指数得分与排名变化情况见表 1-4。

表 1-4　排名前十城市天府金融总指数得分与排名变化情况

城市	总指数	得分变化率/%	排名变化情况
北京	81.15	2.53	1（-）
上海	70.47	5.70	2（-）
深圳	62.18	-1.94	3（-）
杭州	50.55	2.51	4（+1）
广州	50.09	-4.00	5（-1）
成都	46.07	-2.58	6（-）
南京	42.81	-4.02	7（+1）
天津	39.98	-1.34	8（+1）
重庆	39.22	-12.45	9（-2）
武汉	38.64	-3.55	10（-）

四、东、中、西部金融发展比较分析

我国地区经济发展差异较大，金融服务实体经济的方式各有千秋。分区域考察金融发展，可以更加深入地了解各区域金融发展的水平及其特点，有利于因地制宜地推动区域金融改革，优化区域经济布局，促进区域协调发展，加快构建新发展格局。

本报告覆盖的 35 个中心城市中，16 个中心城市位于东部地区、10 个中心城市位于中部地区、9 个中心城市位于西部地区。2017—2019 年，东、中、西部地区中心城市总指数排名分布保持稳定。2020 年，三个地区中心城市总指数分布发生了细微的变化，排名位于 11~20 名的东部地区中心城市由 6 个降至 5 个，排名下降的东部地区中心城市为大连。西部地区中心城市中，排名位于 11~20 名的个数由 1 个上升至 2 个，排名上升的中心城市为昆明，其总指数排名由 2019 年的第 22 名上升至第 20 名。

从整体来看，东部地区中心城市的总指数排名要显著优于中、西部地区中心城市。东部地区的经济表现更加活跃，金融基础设施更加完善，无论是在传统金融方面还是在新兴金融方面都有比较优势。中、西部地区积极对接国家经济高质量发展、构建“双循环”新发展格局的需求，集中金融资源扶持优势产业，进一步改善金融环境，在人才资源、新兴金融领域积极作为，努力发展单项冠军，缩小与东部金融发展的差距。

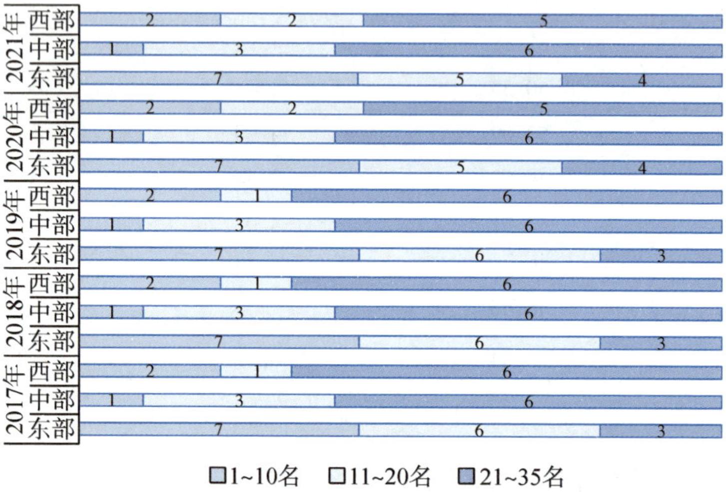

图 1-1　2017—2021 年东、中、西部地区中心城市天府金融总指数排名分布情况

（一）东部地区

1~10 名：除农村金融子指数之外，北京、上海、深圳三个中心城市表现十分抢眼，总指数排前 3 名，各子指数排名基本均位于前 5 名，且得分与其他中心城市拉开了比较大的距离。2020 年，上海实施“浦江之光”行动，带动 37 家企业在科创板上市，位居全国第一。由于城镇化率较高，产业结构中第一产业占比较低，北京与上海的农村金融子指数排名分别为第 23 名和第 32 名。杭州、广州、南京、天津的总指数排名分别为第 4 名、第 5 名、第 7 名、第 8 名。其中，杭州持续推动国际金融科技中心建设，启动金融科技创新监管试点工作，科技金融方面有强大的优势。广州作为绿色金融改革创新试验区，在绿色信贷、绿色保险、绿色债券等多种绿色金融业务方面持续创新，成为全国绿色金融创新发展高地。但广州面临来自粤港澳大湾区及全国的人才激烈竞争，人力资源子指数排名较低，拖累了总指数排名。

南京的传统金融基础较好，建立了“先解决问题再说”机制，探索建立“南京合伙人”制度，营商环境改善较快，如果能够在绿色金融、文化金融、农村金融等新兴金融发展方面有所突破，有望在排名上更进一步。天津在金融市场、金融机构、人力资源、绿色金融、科技金融方面表现较好。作为我国碳市场示范地，天津碳市场交易活跃，2020 年底碳排放配额累计成交额达 13 578.23 万元，CCER 累计成交量达 1 909.81 万吨，在绿色金融方面具有独特的竞争力。

11~20 名：东部地区中心城市总指数排名位于第 11~20 名的有济南、青岛、宁波、福州、厦门。青岛、宁波、厦门的从业环境较好，子指数排名位于前十。福州在绿色金融方面发展较好，排名靠前。作为全国首批生态文明试验区，福州在空气质量达到及好于二级的天数、单位 GDP（国内生产总值）能源消耗和单位 GDP 二氧化碳排放量等指标上表现突出，碳排放配额交易业务十分活跃。青岛不断加强农村金融改革力度，2020 年发布了 70 多个乡村振兴金融贷款新产品，农村金融子指数排名位列前十。

21~35 名：东部地区中心城市总指数排名位于第 21~35 名的有沈阳、大连、石家庄、海口。这四个城市在科技金融、绿色金融、文化金融、农村金融四个子指数方面各有特点。例如，沈阳的高新技术企业数量与市值大幅增加，推动其科技金融领域较上期进步三位。大连加大污水处理力度，狠抓辽河流域和渤海综合治理，夯实绿色金融基础设施，推动其绿色金融子指数由上期的第 26 名进步至第 20 名。石家庄的农村金融具有比较优势，第一产业增加值、小型农村金融机构从业人数、新型农村金融机构从业人数等各项指标得分均有所上升，农村金融子指数排第 8 名。海南省多次出台政策推动文创产业发展，为海口市的文化金融发展提供了政策保障，海口城镇居民文教娱乐现金消费支出比重较上期有所提升。

总体来看，东部地区中心城市在传统金融方面发展较好，在新兴金融方面的表现差异较大。

2021 年东部地区中心城市天府金融指数得分与排名情况如表 1-5 所示。

表 1-5 2021 年东部地区中心城市天府金融指数得分与排名情况

城市	天府金融总指数		金融市场子指数		金融机构子指数		从业环境子指数		人力资源子指数		科技金融子指数		绿色金融子指数		文化金融子指数		农村金融子指数	
	得分	排名	得分	排名	得分	排名	得分	排名	得分	排名	得分	排名	得分	排名	得分	排名	得分	排名
北京	81. 15	1	89. 15	1	80. 52	1	67. 76	2	98. 06	1	88. 51	1	77. 95	1	75. 24	1	40. 24	23
上海	70. 47	2	77. 26	2	73. 15	2	68. 05	1	71. 61	2	74. 09	2	74. 93	2	64. 81	2	28. 21	32
深圳	62. 18	3	72. 17	3	66. 71	3	66. 61	3	54. 63	3	67. 11	3	64. 93	4	44. 28	3	57. 16	6
杭州	50. 55	4	58. 33	4	37. 51	5	60. 90	5	47. 81	7	48. 77	4	62. 70	5	37. 91	6	55. 83	8
广州	50. 09	5	55. 98	5	38. 18	4	62. 13	4	47. 61	8	39. 95	5	68. 54	3	39. 63	5	53. 35	14
南京	42. 81	7	53. 79	6	33. 08	7	59. 20	6	48. 22	5	36. 99	6	43. 12	23	24. 65	13	49. 40	17
天津	39. 98	8	40. 95	8	32. 12	8	47. 18	14	48. 12	6	31. 60	10	58. 31	6	25. 56	12	31. 99	30
济南	32. 84	15	39. 92	9	22. 43	19	46. 04	15	36. 88	13	25. 32	12	38. 97	27	16. 26	20	54. 12	12
青岛	32. 68	16	30. 18	17	21. 80	20	51. 45	10	34. 20	14	23. 56	15	44. 69	19	19. 61	16	54. 67	10
宁波	32. 09	17	31. 75	15	22. 97	17	53. 17	9	30. 93	18	28. 02	11	44. 80	18	12. 94	25	41. 05	22
福州	31. 30	18	34. 36	13	27. 42	13	41. 50	22	27. 03	24	21. 91	18	55. 78	7	11. 74	28	37. 99	26
厦门	29. 73	19	29. 25	21	25. 64	16	53. 31	8	21. 78	29	22. 12	16	48. 92	12	11. 73	29	22. 96	34
沈阳	28. 69	21	29. 47	20	22. 53	18	42. 08	21	30. 29	20	16. 64	22	41. 65	25	18. 42	18	35. 82	28
大连	28. 13	22	27. 68	23	20. 88	23	43. 30	18	30. 83	19	17. 56	21	44. 64	20	11. 07	31	41. 09	21
石家庄	23. 93	29	27. 05	24	20. 68	24	32. 76	34	25. 47	26	14. 52	23	30. 42	31	10. 58	32	51. 89	15
海口	23. 51	30	24. 03	29	11. 63	32	43. 27	19	17. 44	32	3. 69	34	44. 85	17	21. 47	14	29. 35	31

（二）中部地区

1~10名：中部地区中心城市中总指数排名进入前十的仅有武汉。整体来看，武汉的各项金融子指数排名较为均衡，未来可以在金融机构排名方面寻求突破。武汉科研投入力度较大，科研基础得分较高，同时协调相关银行机构、支付机构和清算机构统筹数字乡村和智慧城市一体化发展，科技金融和农村金融子指数进步较大，具有良好的竞争力。

11~20名：中部地区中心城市中总指数排名位于第11~20名的有长沙、合肥、郑州，三市的总指数在第11~20名城市中排名较为靠前，分别为第11名、第12名、第14名。长沙在股票市场上进步明显，具体表现为A股上市公司家数、A股上市公司市值和新股发行募资总额均较上期有所提升，直接助推长沙在金融市场子指数上由第21名上升至第18名。郑州注重发展农村金融机构，新型农村金融机构从业人数和资产总额均在35个中心城市中位居榜首，在消费信贷支持下，镇区及乡村消费品零售额占全社会消费品零售额的比重由上期的42.8%提升至本期的48.1%，使得郑州农村金融子指数排名由上期的第6名上升至本期的第2名。合肥本期在科技金融方面提升四位，主要源于2020年合肥科技类企业A股上市公司家数和市值均有所增长。

21~35名：中部地区中心城市中总指数位于第21~35名的有南昌、南宁、长春、哈尔滨、太原、呼和浩特。其中部分中心城市在新兴金融方面形成了发展优势，一定程度上带动了整体金融的发展。南昌近年来以赣江新区绿色金融改革创新试验区建设为依托，不断提升绿色金融发展水平，在绿色金融方面形成了一定的竞争力，子指数排名较为靠前。南宁持续推动农村金融改革，在农村金融子指数上排名靠前。长春紧紧围绕国家新一轮东北振兴战略部署，引导社会资金流向绿色低碳、节能环保产业，绿色金融子指数排名进步了13位，在一定程度上助力其总指数排名提升5位，成为本期进步最快的城市。哈尔滨采取了若干措施引导金融资源向乡村振兴薄弱环节倾斜，农村金融子指数从第13名提升至第7名，成效显著。太原的高新技术企业数量和高新技术企业总收入增长明显，推动其科技金融子指数由第29名提升至第24名。呼和浩特文化市场经营机构资产、文化旅游与传媒占公共财政支出的比重均大幅提升，推动其文化金融子指数由第33名提升至第27名，发展动力强劲。

总体来看，多数中部地区中心城市金融基础较为薄弱，在新兴金融方面各有特色。

2021年中部地区中心城市天府金融指数得分与排名情况如表1-6所示。

（三）西部地区

1~10名：西部地区中心城市中总指数排名进入前十的为成都与重庆，其中成都列第6名，重庆列第9名。成都总指数排名不变，部分子指数表现突出，具有较大的发展潜力。得益于本地银行业的快速发展，成都金融机构子指数排名上升两位。高质量的教育、完善的城市配套设施，尤其是政府全面部署人才引进战略，增加了成都对各类人才的吸引力，在人力资源子指数得分上，成都仅次于北京、上海、深圳，列第4名。在文化金融子指数领域，成都优势更加明显，从第6名上升至第4名，主要得益于PC（个人电脑）浏览量占比的增加与文化产业的良好发展。重庆在传统金融领域受疫情冲击较大，但是在农村金融和文化金融等新兴金融领域表现亮眼，同时在绿色金融领域保持相对优势。

11~20名：西部地区中心城市中总指数排名位于第11~20名的为西安与昆明，其总指数排名分别为第13名与第20名。2020年，西安开始推动建设丝绸之路金融中心，全力提升本地金融机构规模，打造与之相匹配的金融人才队伍，因此在金融机构与人力资源方面优势凸显，排名均位于第9名，但在从业环境与绿色金融方面需要补短板。昆明致力于改善民生，推动医院、长途光缆和道路等基础设施建设，从业环境大幅度改善，从业环境子指数从上期的第21名跃升至本期的第13名；昆明加大环保工作力度，空气质量进一步改善，上市公司的ESG（环境、社会和公司治理）评价得分较高，因此在绿色金融领域子指数排名由上期的第14名上升至本期的第11名。

表 1-6　2021 年中部地区中心城市天府金融指数得分与排名情况

城市	天府金融总指数		金融市场子指数		金融机构子指数		从业环境子指数		人力资源子指数		科技金融子指数		绿色金融子指数		文化金融子指数		农村金融子指数	
	得分	排名	得分	排名	得分	排名	得分	排名	得分	排名	得分	排名	得分	排名	得分	排名	得分	排名
武汉	38.64	10	39.61	10	26.11	15	49.95	12	43.12	11	32.17	9	51.51	10	25.67	10	55.05	9
长沙	35.21	11	30.10	18	28.27	10	42.45	20	37.67	12	25.30	13	47.15	15	30.17	8	62.91	4
合肥	35.10	12	28.40	22	27.71	11	45.82	16	29.85	22	34.20	7	47.90	14	25.61	11	66.01	3
郑州	33.42	14	39.37	11	26.93	14	45.29	17	34.07	15	20.53	19	41.13	26	19.60	17	66.80	2
南昌	26.79	23	26.14	25	19.62	27	37.91	27	24.97	27	17.75	20	48.25	13	9.97	33	47.39	19
南宁	26.47	24	25.62	26	20.05	26	39.68	25	26.07	25	10.79	29	42.91	24	15.43	23	54.35	11
长春	25.87	25	19.61	32	20.22	25	35.71	29	32.17	17	11.21	28	43.86	21	14.44	24	50.37	16
哈尔滨	25.35	27	24.77	28	17.48	31	30.16	35	34.01	16	12.56	25	34.89	29	17.03	19	56.42	7
太原	24.79	28	30.32	16	20.89	22	38.19	26	30.19	21	12.91	24	22.32	35	16.15	21	38.40	25
呼和浩特	18.87	33	18.96	33	10.13	33	39.88	24	15.49	33	6.11	32	27.38	32	12.03	27	36.02	27

21~35名：西部地区中心城市中总指数排名位于第21~35名的有贵阳、兰州、乌鲁木齐、银川、西宁。这5个城市的整体金融发展水平与各细分领域发展水平均有待进一步提升。贵阳在文化金融领域从第22名上升至第15名，尤其是在文化市场经营机构资产总计指标上列第3名，具有明显优势。兰州在从业环境领域从第35名上升至第31名，主要在于当地司法文明状况有所改善，司法文明指数得分由上期的65.2分提高至本期的69.7分。乌鲁木齐在互联网宽带接入用户占比和长途光缆线路长度与城市道路长度比值指标上有较大增长，助推其在从业环境领域进步两位。银川突发环境事件数量较上期大幅减少，同时外商直接投资实际使用金额增速明显，在从业环境领域有较大发展潜力。西宁生态环境基础较好，在空气质量达到及好于二级的天数、单位GDP能源消耗和单位GDP二氧化碳排放量这三个指标上有较大的优势，绿色金融成果突出。

总体来看，西部地区的中心城市在金融发展的细分领域有各自的独特优势，发展潜力较大。

2021年西部地区中心城市天府金融指数得分与排名情况如表1-7所示。

五、指标体系变动说明

2021年天府金融指数指标体系有所调整，在此做简要说明，详细说明请参见附录二。本期金融市场和金融机构指标体系没有发生变动。

本期从业环境指标体系发生如下变动：其一，“市场化指数”未更新，故删去；其二，删去“GDP”指标，保留“人均GDP”指标，增加城市可比性。

本期人力资源指标体系发生如下变动：其一，删去无官方数据或更新不及时的指标。如“全国百强高中”指标无官方数据来源，各民间版本参照标准的统一性较差，故删去。其二，采用更具体、准确的指标替换原有指标。如将“大专以上人口占总人口比重”指标修改为“大专及以上人口

表 1-7　2021 年西部地区中心城市天府金融指数得分与排名情况

城市	天府金融总指数		金融市场子指数		金融机构子指数		从业环境子指数		人力资源子指数		科技金融子指数		绿色金融子指数		文化金融子指数		农村金融子指数	
	得分	排名	得分	排名	得分	排名	得分	排名	得分	排名	得分	排名	得分	排名	得分	排名	得分	排名
成都	46. 07	6	42. 92	7	33. 45	6	55. 05	7	52. 05	4	32. 84	8	54. 57	8	43. 61	4	84. 33	1
重庆	39. 22	9	37. 46	12	27. 63	12	50. 61	11	45. 65	10	22. 11	17	53. 10	9	35. 16	7	59. 26	5
西安	34. 58	13	34. 32	14	28. 78	9	35. 63	30	47. 49	9	24. 05	14	43. 30	22	26. 05	9	48. 29	18
昆明	29. 13	20	24. 85	27	21. 54	21	48. 61	13	28. 38	23	11. 25	27	50. 24	11	15. 95	22	53. 71	13
贵阳	25. 36	26	21. 38	31	18. 91	29	36. 68	28	20. 98	30	11. 97	26	45. 29	16	20. 11	15	43. 83	20
兰州	22. 44	31	23. 34	30	18. 10	30	35. 30	31	22. 61	28	7. 50	30	37. 02	28	12. 14	26	35. 15	29
乌鲁木齐	22. 40	32	29. 61	19	19. 26	28	40. 96	23	19. 66	31	6. 19	31	26. 53	33	11. 72	30	40. 23	24
银川	14. 73	34	14. 58	34	9. 17	35	33. 61	32	8. 60	34	5. 36	33	22. 99	34	7. 57	35	27. 22	33
西宁	13. 70	35	8. 98	35	9. 38	34	33. 10	33	4. 77	35	0. 48	35	32. 23	30	8. 55	34	18. 80	35

抽样调查数”指标，系新指标，数据更为准确。其三，由于原指标中深圳市数据异常，故将“城市公共图书馆个数”指标修改为“城市博物馆个数”指标。按照新指标体系测算的2020年结果，成都人力资源子指数排名从第7名调整为第9名，而2021年上升为第4名。

本期科技金融指标体系调整如下：其一，删去不更新、数据不全的指标。“高新技术产业投资额”自2017年起尚未更新，故删去；删去军民融合相关指标，其中“军民融合产业基地个数”官方停止更新，“军民融合上市公司借款总额占总负债比重”超过半数公司未公布。军民融合相关指标剔除后对科技金融子指数排名有较大影响。杭州、南京和合肥在军民融合方面均位列10名以外，是其主要短板，而成都和重庆在军民融合方面排名靠前，是其主要优势。该指标的剔除直接助推杭州、南京和合肥在科技金融子指数的排名超越成都和重庆。其二，纳入科创板相关指标，包括“科创板上市公司个数”和“科创板上市公司总市值占GDP比重”。其三，将“研究与试验发展（S&D）人员”改为“研究与试验发展（S&D）人员/常住人口”，增加城市之间可比性；将“专利授权数”改为“专利授权数：发明”。综上所述，原来科技金融分为科技金融基础、科技企业和军民融合三个方面，现在变为科技金融基础和科技企业两个方面。按照新指标体系测算的2020年结果，成都科技金融子指数排名从第6名调整为第8名，同2021年持平。

本期绿色金融指标体系调整如下：其一，删去不更新、数据不全的指标。“人均用水量、城市道路交通噪声监测情况-路段超标率、环境保护系统年末机构总数、本级环保能力建设资金使用总额”自2017年起未更新，故删去。其二，由于部分地区缺少数据，故删去“碳排放配额累计成交额”指标，用“新增CCER累计成交量”替代。其三，新增了“空气质量达到及好于二级的天数、单位GDP能源消耗、单位GDP二氧化碳排放量和A股上市公司华证ESG评价平均得分”等指标，使比较维度更加全面。新增的指标对绿色金融子指数排名有较大影响，福州、广州和天津在新增指数方面大多处于靠前位置。比如“空气质量达到及好于二级的天数”，福州凭借其良好的环境，位列第 1 名，成都则处在第 22 名的位置上；“单位 GDP 能源消耗”和“A 股上市公司华证 ESG 评价平均得分”，天津、福州、广州均显著领先于成都。新增指标直接助推天津、福州、广州在绿色金融子指数中的排名超越成都和重庆。其四，为了增加城市之间的可比性，将“碳排放配额累计成交额”省级数据换算（有公布市级数据的城市，直接用市级数据；没有公布市级数据的城市，将省级数据换算为市级数据）为市级数据，新增了武汉、厦门、福州、广州的数据。按照新指标体系测算的 2020 年结果，成都绿色金融子指数排名从第 6 名调整为第 8 名，同 2021 年持平。

本期文化金融指标体系发生如下变动：其一，删去更新不及时的指标。由于“出版物发行网点数”和“文化产业本年完成投资额”无 2017 年后数据，故删去。其二，使用市级数据替代省级数据，如将省级指标“公共财政文化体育与传媒支出”替代为市级指标“公共财政支出：文化旅游体育与传媒”，增强了数据的准确性。其三，加入对文化金融经营机构的衡量指标。如加入“文化市场经营机构营业利润”和“文化市场经营机构资产总计”指标。按照新指标体系测算的 2020 年结果，成都文化金融子指数排名保持在第 6 名的位置，同 2021 年持平。

本期农村金融指标体系发生如下变动：“农用机械总动力”和“农村居民个人固定资产投资完成额”省级数据被换算为市级数据，增加了城市之间的可比性。

第二节　2021 年天府金融指数结构分析

2020 年是我国现代化建设进程中具有特殊意义的一年，新冠肺炎疫情对我国经济与社会发展带来了前所未有的冲击，也对我国金融业发展带来了诸多挑战。立足新发展阶段、贯彻新发展理念、构建新发展格局，各地金融发展面临新的机遇与挑战。从传统金融领域来看，服务实体经济将会被放在更为突出的位置上。2020 年是打好防范化解金融风险攻坚战的收官之年，高风险金融机构的处置、局部的债券市场违约、互联网金融的全面治理等重点领域风险不断释放，大连、太原、郑州、西宁等城市的传统金融得分受到相应事件的影响。在此背景下，积极探索金融如何服务于经济高质量发展，在保持总量平衡、风险可控的基础上进行结构优化，引导金融机构加大对科技创新、“三农”、“小微企业”、绿色文化的支持，成为上海、杭州、成都、合肥、福州在传统金融领域提升得分的关键。在新兴金融领域，各地过去几年实践探索的成果开始显现。借助金融科技变革金融服务方式，更好地与科技创新政策、产业政策对接，依托本地的禀赋优势发展新兴金融业态，发挥金融在构建新发展格局中的作用，北京、杭州、成都、合肥在新兴金融领域的探索值得借鉴和推广。

一、金融市场子指数

在金融市场子指数上，北京、上海和深圳位居前三名，其中北京在各个市场上均有显著的领先优势，得分领先于上海和深圳；上海和深圳的得分处于同一梯队，上海在债券市场、股票市场和其他市场上的表现更为优异，深圳则在保险市场上表现更加出色。杭州在信贷、货币和保险市场上一直表现突出，2020 年在股权市场上取得较大进步，上市公司、区域股权、并购重组和 PEVC 投资都有较大幅度提升，带动股票市场、其他市场得分提升，也首次超过广州而位列第 4 名。广州、南京在债券市场、货币市场和保险市场方面较其他城市更有竞争优势。成都、武汉在各个市场上的排名都比较均衡，无明显的短板。相对而言，天津和济南在不同金融市场上的表现存在差异，天津在保险市场和其他市场上的排名弱于债券市场和货币市场，济南则在信贷市场和股票市场上表现不佳，但凭借在保险市场上的优异表现进入前十名。详细情况见表 1-8。

表 1-8　金融市场子指数得分情况

城市	金融市场子指数	信贷市场	债券市场	股票市场	货币市场	保险市场	其他市场
北京	89. 15	79. 37	100. 00	92. 18	99. 52	84. 39	79. 44
上海	77. 26	71. 13	83. 45	82. 01	95. 44	55. 07	76. 46
深圳	72. 17	70. 18	73. 31	67. 69	93. 41	63. 40	65. 03
杭州	58. 33	63. 60	54. 99	37. 20	80. 62	70. 32	43. 29
广州	55. 98	54. 06	60. 42	31. 55	82. 63	69. 88	37. 37
南京	53. 79	49. 91	62. 27	27. 00	73. 20	76. 84	33. 50
成都	42. 92	51. 91	48. 92	25. 41	58. 78	51. 25	21. 25
天津	40. 95	46. 74	60. 52	21. 48	71. 42	38. 19	7. 37
济南	39. 92	31. 14	48. 00	16. 98	61. 50	66. 16	15. 74
武汉	39. 61	39. 62	46. 58	22. 05	53. 38	56. 95	19. 09

二、金融机构子指数

在金融机构子指数上，北京、上海、深圳的领头雁效应更为明显，在各个指标上均与二线城市拉开了比较大的距离。北京是全国的政治中心，也是金融监管机构总部的所在地，因而在银行、保险机构得分上具有领先优势。而上海、深圳则借助两大证券交易所的区位优势，在券商、资产管理上的得分高于北京。广州和杭州发展较为均衡，其中广州在券商和其他金融中介中表现突出。杭州在资产管理上进步明显，尤其体现在私募基金上，2020 年有 1 517 家私募基金，发行产品数 1 469 只，是除北京、上海、深圳之外唯一数量过千的城市，成为中国资产管理的第四极。此外，成都在银行领域有优势，不过成都的银行虽然数量较多，规模却较小，今后可以在规模方面寻求进一步提升。南京的其他金融中介具备一定优势，天津在资产管理领域的优势集中于公募基金上。详细情况见表 1-9。

表 1-9　金融机构子指数得分情况

城市	金融机构子指数	银行	券商	保险	资产管理	其他金融中介
北京	80. 52	75. 28	49. 76	98. 52	79. 04	100. 00
上海	73. 15	65. 13	77. 44	67. 45	100. 00	55. 75
深圳	66. 71	54. 73	68. 92	72. 63	83. 53	53. 77
广州	38. 18	43. 43	23. 51	31. 26	45. 49	47. 22
杭州	37. 51	43. 87	22. 08	30. 65	51. 88	39. 09
成都	33. 45	50. 04	18. 27	26. 77	28. 32	43. 85
南京	33. 08	40. 36	20. 50	31. 71	27. 02	45. 83
天津	32. 12	36. 86	10. 78	30. 37	46. 64	35. 91
西安	28. 78	40. 94	13. 56	22. 34	29. 36	37. 70
长沙	28. 27	41. 23	13. 30	33. 27	24. 98	28. 57

三、从业环境子指数

在从业环境子指数上，上海、北京和深圳位居前三名，其中北京在基础设施方面表现优异，上海在制度环境方面位居榜首，深圳则在经济环境方面位列第 1 名。广州和南京在各个指标中表现均衡，无明显短板，其中广州在基础设施和制度环境方面的表现仅次于北京、上海、深圳，南京则在城市环境方面表现突出。杭州和青岛的从业环境子指数排名均提升两位，其中杭州排名的提升得益于城市环境的改善，青岛排名的提升得益于制度环境和经济环境的优化。在“城轨交通运营线路长度”方面，成都和杭州提升较大，带动基础设施指标得分上升。厦门在从业环境四个方面的表现存在差异，其在城市环境和经济环境方面的排名优于基础设施，良好的空气质量和较高的市区绿化覆盖率使得厦门的城市环境位居第 2 名。详细情况见图 1-2。

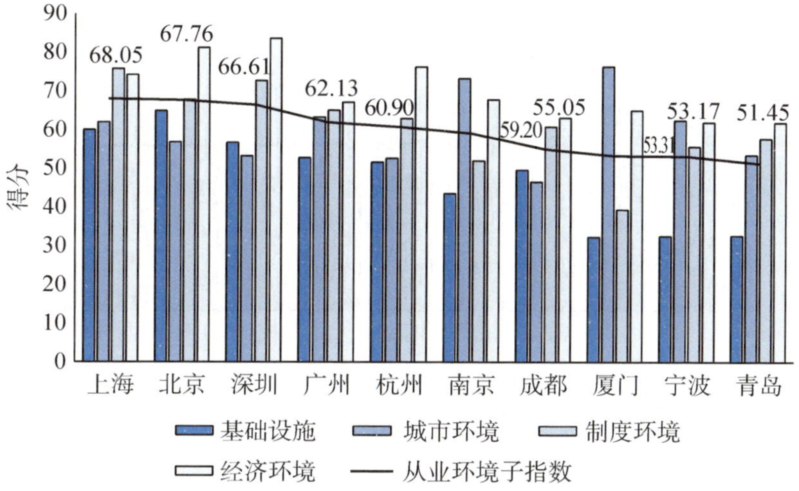

图 1-2　从业环境子指数得分情况

四、人力资源子指数

在人力资源子指数上，北京凭借全国优质高校集聚地的优势，在人力资源数量、质量、基础和潜力方面均拥有显著的领先优势。上海和深圳在人力资源质量和潜力方面得分接近，但在人力资源数量方面，上海的表现优于深圳，原因在于深圳的高等学校在校生人数少于上海。南京和成都的人力资源排名提升较为明显，分别提升五位和三位。其中南京排名的提升得益于人力资源质量、人力资源基础和人力资源潜力得分的提升；而成都排名的提升得益于公共图书馆藏书量、每百人教育支出、城市博物馆个数等人力资源潜力指标得分的提升。天津、杭州和西安在人力资源的四个方面表现均衡，无明显的短板，而广州和重庆在不同方面的表现存在差异，其中广州在金融行业从业人员数、高等学校在校学生人数上排名靠前，重庆在金融行业从业人员数、城市博物馆个数上排名靠前。详细情况见图 1-3。

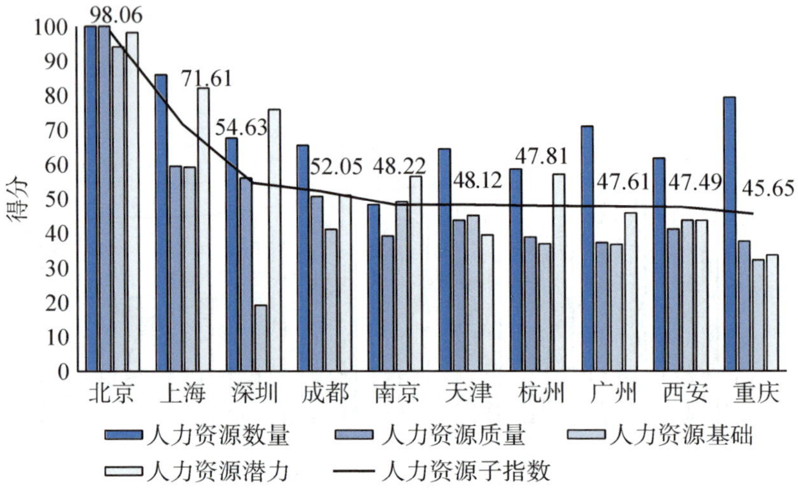

图 1-3　人力资源子指数得分情况

五、科技金融子指数

在科技金融子指数上，北京、上海、深圳位居前三名，得分也大幅领先于其他城市。北京以绝对优势位列第 1 名，在科技投入、发明专利、并购交易和 PEVC 等方面均有明显优势。2020 年科技金融指标新增了科创板相关指标，上海在该指标上排名首位。深圳则更加重视科技投入和高科技企业发展，科技支出占财政支出的比重达到 12.05%，远超其他城市。杭州排第 4 名，得益于杭州较为重视科技类企业并购交易、PEVC 和上市融资等企业金融服务方面的发展。其后的六个城市得分差距较小，彼此存在实现赶超的可能，但也基本上都在某项指标上存在比较优势。广州在专利发明数和高新企业收入方面表现突出，南京和成都在并购交易和 PEVC 方面存在一定优势，其并购交易企业家数均超过 10 家，合肥和天津在 A 股及科创板上市公司市值方面表现突出，扶持科技企业发展的政策得到了明显的收益。详细情况见图 1-4。

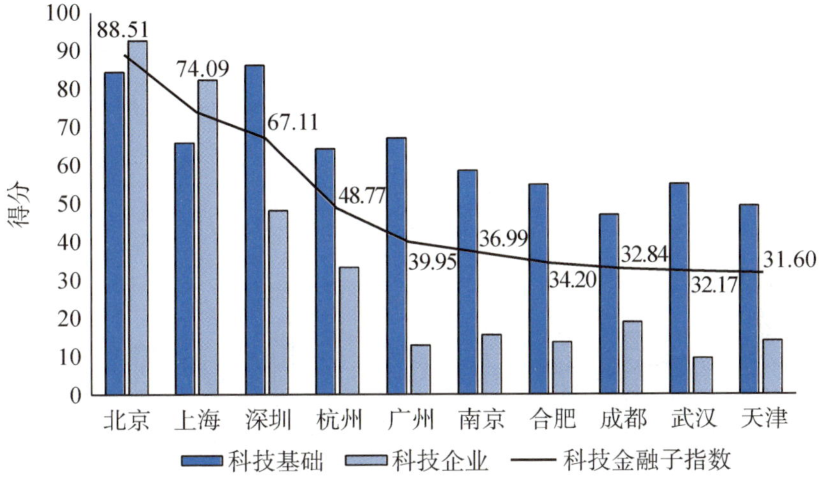

图 1-4　科技金融子指数得分情况

六、绿色金融子指数

在绿色金融子指数上，为贯彻中央关于“碳达峰、碳中和”的精神，本期绿色金融子指数中新增“单位 GDP 能源消耗”和“单位 GDP 二氧化碳排放量”指标，衡量城市经济发展对能源和碳排放的依赖程度。广州、福州、宁波和海口等城市在这两个指标上表现突出并带动其排名上升，重庆、太原、石家庄和郑州等城市在这两个指标中表现一般，导致其排名下降。本期北京、上海和广州得益于绿色金融发展现状的突出表现，位居绿色金融子指数前三名。福州的绿色金融基础仅次于深圳，其空气质量、单位能耗、ESG 评分均位居全国前列，但相关企业的并购交易、PEVC 和上市公司融资等绿色金融现状指标得分仍有待提高。天津本期排名提升较大，其在碳配额交易、A股上市公司ESG评分上表现抢眼。广州本期排名提升六位，原因在于A股环保公共服务类企业数量和市值均较上期有所提升，且碳配额交易和CCER交易活跃。重庆本期排名下降七位，除了在新增的能源强度和碳强度指标上表现一般外，其碳配额交易额也较上期有所减少。在“碳达峰、碳中和”的背景下，未来绿色金融的发展或许会面临重新洗牌的局面。绿色金融基础与各个城市的自然环境、资源禀赋和经济结构等因素相关，短期内难有较大幅度的调整，但排名靠前城市的绿色金融子指数排名与绿色金融现状排名高度相关，这将启示各个城市应更加注重绿色金融现状的发展，并以此促进绿色金融基础的改善。详细情况见图1-5。

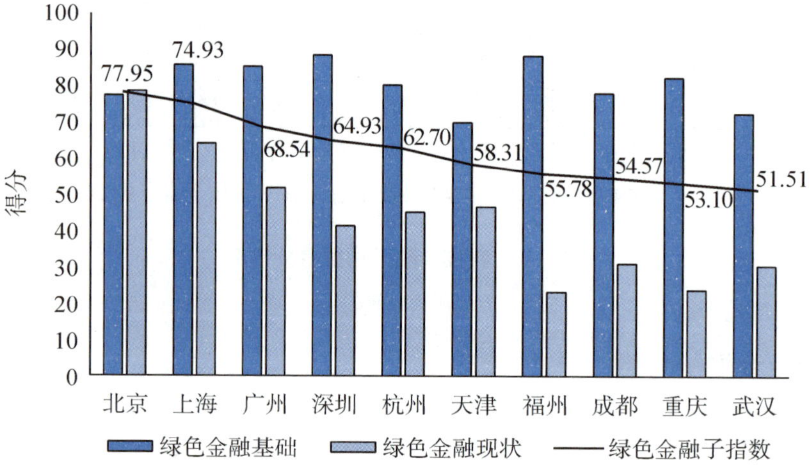

图1-5　绿色金融子指数得分情况

七、文化金融子指数

在文化金融子指数上，北京、上海处于前两位，遥遥领先于第二梯队的城市，但北京、上海之间的差距正在缩小。北京的优势在于文化产业的并购、投资和上市融资，但上海2020年文化产业的PEVC投资数超过北京，其他指标也在逐渐缩小差距。第二梯队的深圳、成都、广州、杭州、重庆得分相差不大，深圳近些年在文化产业发展上取得了突飞猛进的进步，文化市场经营机构数量、利润、资产总额都有较大提升，这也是深圳文化金融发展的根基。成都文化产业企业并购交易家数仅次于上海，但受上市公司个数和市值限制，其金融交易与北京、上海相比仍有差距。广州和杭州得分相近，在各指标上的表现非常均衡。重庆在文化金融基础指标上表现亮眼，主要得益于较多的景区数量、文化市场经营机构数量及总资产。详细情况见图 1-6。

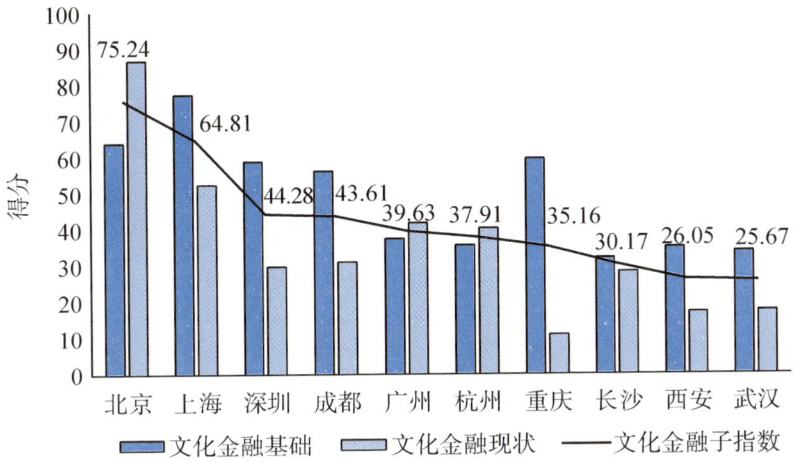

图 1-6　文化金融子指数得分情况

八、农村金融子指数

在农村金融子指数上，成都位列第 1 名，以 84. 33 分的显著优势继续稳居榜首，优势进一步稳固。成都在农村金融领域表现突出，其余九个城市得分差距较小。无论是在农业产业规模，还是在农业金融机构发展和“三农”产业的上市融资等指标方面，成都均位居全国前列。深圳农村金融子指数本期有较大提升，优势主要在于农业 A 股上市公司达 9 家，小型农村金融机构从业人数和资产规模分别有 30 622 人和 17 075 亿元，同样位居全国前列。郑州的农用机械总动力高达 4 565 万千瓦，合肥的镇区及乡村消费品零售额指标达49.70%，均位列所有城市中第1名，其余城市的各项指标发展都较为均衡，不存在明显短板。详细情况见图1-7。

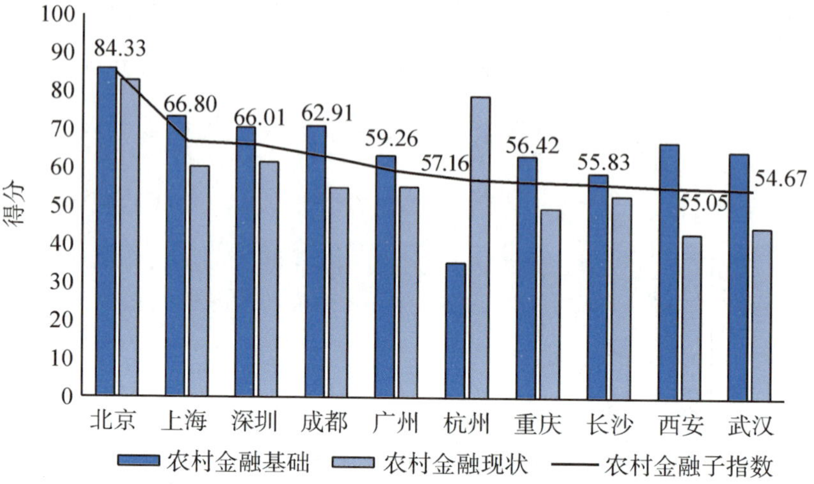

图1-7　农村金融子指数得分情况

第三节　政策建议

一、改革创新，探索金融高水平发展模式

改革创新是金融高水平发展的内生动力。金融业的改革创新需要从实际出发，立足当前发展阶段和资源禀赋，明晰发展方向，推动传统金融和新兴金融融合发展。一是立足产业结构和地方特色经济，深入挖掘金融发展潜能。各地应抓住“双循环”新发展格局的机遇，建立能够充分发挥自身资源禀赋优势的产业结构，突出地方经济特色，为传统金融和新兴金融发展壮大夯实基础。坚持需求导向和市场导向，分类、分领域创新金融产品，深化金融供给侧结构性改革，增加绿色金融、科技金融、农村金融、文化金融供给，培育多元多层次金融市场，促进产业和金融的精准衔接与有效互动，强化金融的融资功能、价值发现功能和加速器功能。二是建立

和完善制度体系，补齐制度短板，破除政策性、区域性发展壁垒，为金融发展营造良好制度环境。加强金融数字化建设，尤其是加强互联网金融的分类标准、评价体系和信息披露等制度建设，向国际金融市场规则靠近，增强新兴金融业务分类标准的科学性和可操作性，推动金融数字化有序发展，为各地金融高质量发展注入新的动力。增强不同地区金融工具、政策的统一性和高效衔接，避免金融市场割裂和无序竞争，促进资金跨区域流动和优化配置，逐渐实现东、中、西部金融市场均衡发展。

二、立足绿色，助力金融可持续发展

目前我国绿色金融的实践和理论探索仍处于初级阶段，各城市应抓住机会，学习先进地区的经验，加快绿色金融产品和服务方式创新，加强区域合作，推动产业优化升级和企业技术改善。一是通过监管营造良好绿色金融环境。加强顶层设计，在全国范围开展绿色金融立法工作，明确好金融机构和绿色企业的主体责任，细化政府部门和中央监管部门的监管措施，对金融机构在投资环节的社会责任做出明文规定。依托中央银行绿色金融网络，加强对气候相关风险和机遇的评估，积极应对环境和气候变化产生的金融风险。发挥国有金融资本的主导性作用，建立更加市场化的绿色金融激励机制，推动国有金融机构成为绿色金融的主力军。二是加快绿色金融产品和服务方式创新。完善绿色金融信息共享机制，探索更加高效便捷的绿色信贷质押、抵押担保方式，如银行系统和排放权交易系统“双质押登记”；持续推进清洁生产、清洁能源、绿色制造、循环经济、绿色生态屏障建设、绿色建筑及绿色消费等领域的绿色金融产品创新，鼓励银行以流动贷、项目贷、债券投资、债券承销、票据贴现等“商业银行+投资银行”产品助力绿色金融发展；支持符合条件的金融机构发行绿色金融债券，引导具备资质的非金融企业发行绿色债务融资工具；积极开展绿色租赁业务，加强对长江经济带等区域绿色租赁业务的布局。三是健全碳金融衍生产品，提高碳交易效率。增加碳市场深度与广度，创新碳交易品种，将区域生态、社会效益显著的林业碳汇项目纳入碳交易市场；推进跨区域排污权交易，探索排污权抵押贷款、租赁等融资方式，大力发展碳金融衍生品市场；探索成立碳金融专业机构，增加碳交易主体。四是加强区域合作。探索绿色金融联盟模式，鼓励和引导更多金融机构和绿色企业跨区域合作，推动绿色资产证券化产品跨区域交易和统一市场。鼓励跨境绿色金融合作，积极参与国际绿色金融发展项目，在绿色金融标准、碳市场方面增强中国的话语权和竞争力。

三、科技赋能，推动金融高质量发展

金融与科技融合发展是一个普遍的现象，依靠科技来发展金融已成为新时期推动金融发展的规律。应积极推动大数据、人工智能、云计算、物联网等现代技术在金融领域的运用，充分发挥科技赋能的作用。一是建立更多金融与科技融合的服务平台，建立信息共享与交流机制。建议由政府主导，构建一个完善的网上信息交流平台与科技创新服务平台，负责信息的收集、加工与管理，为科技创新提供全面、便捷的信息服务，逐渐缓解创新型企业与金融机构间的信息不对称问题。二是加大科技金融扶持政策力度，培育科技种子企业。应加快制定一系列科技金融扶持政策，包括各种采购和税收优惠政策、为科技创新设立专项资金和投资引导基金等。针对符合产业政策、发展潜力的企业和项目，实施科技型初创企业培育工程，重视科技金融生态体系建设，加快建设一批技术水平领先、竞争能力强、成长性好的科技型企业群。三是革新服务方式，深挖金融服务需求。依托金融科技手段为银行传统业务赋能，搭建数字化开放共享的信贷系统，解决中小微企业融资困境。加大对服务业的金融赋能，对于美容、家装等服务领域，可借助金融科技服务商提供的系统化整体解决方案，开发完整的场景应用系统，扩大消费信贷市场。针对非接触服务方式的互联网金融，建议监管部门同步加强业务研究，引入科技监管新技术新手段，给予更大的创新空间。加强数据监管，探索由行为监管向功能监管转变、由规制化监管向数据科技监管转变的模式和路径，防范化解系统性风险。

四、把握要素，汇聚金融高素质人才

金融业是人力资本密集型和竞争激烈的行业，金融人才具有专业性强和流动性强的特征。建立稳定的高素质金融人才队伍，对地区的金融业而言至关重要。一是营造良好的就业环境，留住现有人才。采取各类措施吸引高端、有突出贡献的金融人才，推进金融商业环境、人才发展环境、医疗社保、出行交通等基础设施建设，加快城市建设，增加智慧社区、网络社区、金融应用街区等现代生活场所，以增强金融人才吸引能力。二是大力吸引国内外高层次人才。鼓励地方加快制定和切实推进海内外高层次人才引进计划，为其提供医疗保健、子女入学、配偶就业、出入境方面的政策倾斜，集聚青年优秀人才，推动形成多层次创新人才生态。三是通过教育改革和投入提高人才生产力。持续增加教育行业投入，深化教育体制改革，提升教育质量，不断加强教育基础设施建设，与国内高校和科研院所合作，开展订单式培养绿色金融人才尝试。

第二章

成都金融发展分析

第一节　成都金融发展展望

一、成都金融发展现状

从传统金融分指数来看，成都 2019—2021 年维持在第 7 名，三年得分有小幅增加。从新兴金融分指数来看，2020 年成都的得分与排名小幅上扬；2021 年成都新兴金融分指数得分较 2020 年下降 2.84 分，排名降低一位。详细情况见图 2-1。

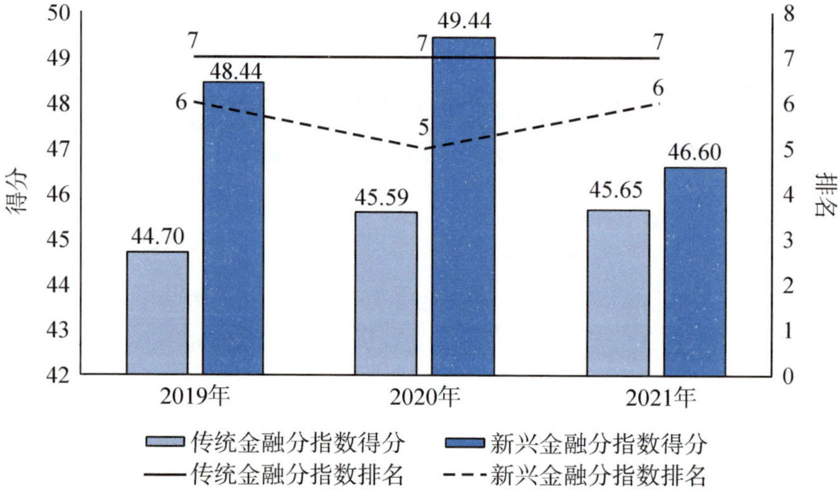

图 2-1　成都市 2019—2021 年传统金融和新兴金融分指数得分与排名情况

从八项子指数的得分情况来看，成都在从业环境、人力资源、绿色金融和农村金融领域的得分连续两年上升，本期较上期分别上升 0.41 分、7.51 分、2.49 分和 0.02 分，其中人力资源分值上升幅度居前五位；成都金融市场、金融机构、科技金融和文化金融子指数得分较 2020 年有所下降，分别下降 2.00 分、5.47 分、10.01 分和 1.19 分。

从各子指数的排名情况来看，成都人力资源子指数排名连续两年上升，本期上升三位，并位列第 4 名；金融机构和文化金融子指数上升两位，从业环境子指数上升一位；科技金融和绿色金融子指数分别下降两位；金融市场和农村金融子指数排名不变。部分子指数的得分和排名并未同方向变化。绿色金融子指数得分提升但排名下降，源于广州、南京和大连绿色金融子指数得分上升大于 10 分，超越了成都。文化金融子指数得分下降但排名提升，主要是文化金融指标体系调整后，各城市该项得分平均下降 6.34 分，成都的得分下降相对较少。详细情况见图 2-2。

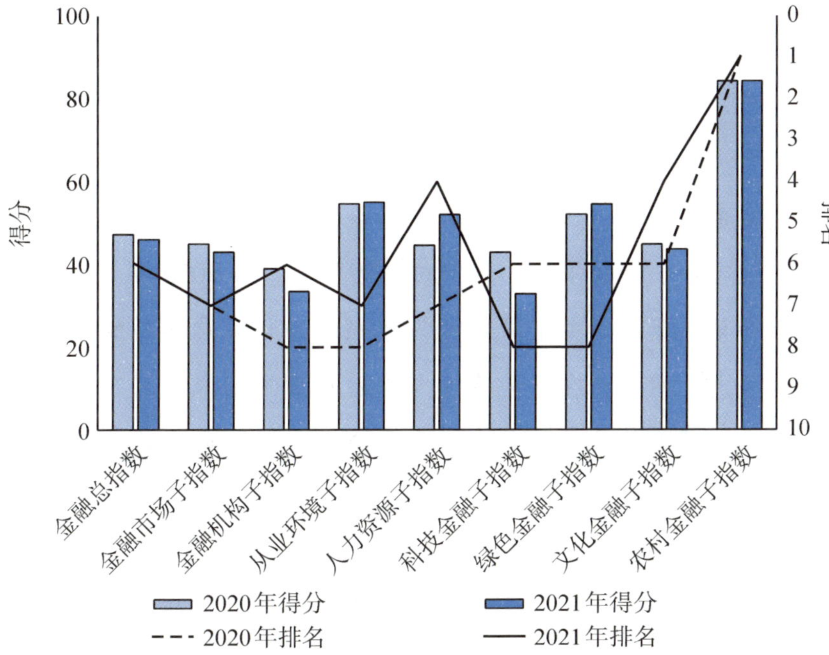

图 2-2　成都市 2020 年和 2021 年金融指数得分与排名情况

具体来看，在金融机构子指数领域，成都发展势头较好，排名上升两位，超过南京和天津，其主要得益于本地银行业的快速发展。此外，成都其他金融机构保持优势。在人力资源子指数领域，成都排名上升三位，从第 7 名跃升至第 4 名，超过广州、天津和西安，仅次于北京、上海、深圳。成都人力资源子指数排名的提高主要得益于本地教育保持较高质量和城市配套设施的发展，且与当地政府在人才战略方面的部署也密不可分。在文化金融子指数领域，成都优势更加突出，从第6名上升至第4名，超越广州和杭州，相关各项指标均衡发展，其中“PC浏览量占比”的增加与文化产业的良好发展是排名上升的主要动力。

在科技金融子指数领域，成都发展势头较好，但原来领先的军民融合指标因为数据停止更新而被剔除，导致成都排名被杭州、南京和合肥赶超(重庆下滑幅度也很大)，从第6名下滑至第8名。在绿色金融子指数领域，成都发展延续上期良好趋势，但排名下降两位，被广州、天津和福州赶超，从第6名下滑至第8名。该变化主要系指标体系变动所致。本报告将在“成都金融发展亮点”和“成都金融发展短板”中详细分析上述指标变动的原因。

此外，在金融市场、从业环境和农村金融子指数领域，成都排名稳中有进。在金融市场子指数领域，成都位列第7名，与2020年持平。本期成都在信用债存量、银行承兑汇票累积发生额和进行并购交易的企业数量上表现较好，各上升两位；在保险密度与保险深度方面相对表现不佳，分别下降五位和八位。需要注意的是，成都在金融市场领域与第8名天津之间的差距在缩小。

在从业环境子指数上，成都从第8名上升至第7名。从具体指标来看，本期成都在城轨交通建设方面卓有成效，“城轨交通运营线路长度”超越广州，跻身第3名。成都在制度环境子指数方面成绩亮眼，首次突破60分大关。

在农村金融子指数中，成都继续位列第1名，以84.33分的显著优势稳居榜首。从农村金融基础指标来看，成都继续保持农村金融基础水平的绝对优势，在“第一产业增加值”和“农村居民个人固定资产投资完成额”两个二级指标方面均有突出表现，这都决定了成都农村金融的基础实力。在农村金融发展类指标中，成都也继续维持领先优势，在“小型农村金融机构从业人数”和“新型农村金融机构资产总额”两个指标方面都具有较为突出的表现。

二、成都金融发展亮点

（一）银行和券商表现突出，金融机构竞争力明显上升

在金融机构子指数领域，成都发展势头较好，排名上升两位，超过南京和天津，其主要得益于本地银行业的快速发展。此外，成都其他金融机构继续保持优势。

本期金融机构指标体系未发生变动，仍由银行业金融机构个数、银行业金融机构资产总额、本地法人银行个数、本地法人银行的资产总和、本地法人银行的贷款损失/总贷款等共计 18 个指标构成，指标涵盖银行、券商、保险、资产管理和其他金融中介等多种金融机构，能够比较好地度量金融机构对于资本集聚、提高资金使用效率、提高经济效率等目标的支持作用。

本期成都银行业机构表现突出，推动金融机构子指数排名从第 8 名上升至第 6 名。在银行领域，成都“银行业金融机构个数”和“银行业金融机构资产总额”两个指标项的相对排名分别取得了进步四位和进步八位的成绩，是本期排名上升的主要原因。同时，本地法人银行盈利指标 ROE（净资产收益率）和 ROA（总资产回报率）的平均值为 11.81%，较 2020 年同期下降 2.56%，但在全国 35 个中心城市中列第 2 名，仍维持占优的位置。

此外，成都在金融机构其他领域保持相对优势。从 2020 年“本地法人券商收入”指标来看，成都列第 9 名，进步两个位次，表明本地券商在市场上积极拓展创收渠道。在保险领域，成都“本地法人保险机构家数”排名与上期持平，但绝对值增加 1 家，并且“本地法人保险机构资产总额”较上期进步一位。成都“本地法人保险机构 ROE（净资产收益率）”退步十一位，是本期对指数负面影响较大的一个指标。在公募领域，成都的表

现与上期差别不大，“本地法人阳光私募基金管理家数”与上期持平，其他指标的相对排名有所下降。成都“30强会计师事务所数量”和“百强资产评估机构数量”较上期分别增加1家和持平。随着成渝共建西部金融中心战略的深入推进，成都市金融机构集聚态势日益明显，内生发展动能充分积蓄，金融机构对实体经济的支撑能力将进一步提升。

（二）人才发展战略助力人才强市，人力资源取得突破性进展

在人力资源子指数领域，成都发展势头较好，从第7名跃升至第4名，超过广州、天津和西安，仅次于北京、上海和深圳。该排名的提高主要得益于本地教育保持较高质量和城市配套设施的发展，与当地政府在人才战略方面的部署也密不可分。

本期人力资源指标体系发生如下变动：其一，删去无官方数据或更新不及时的指标。如“全国百强高中”指标无官方数据来源，各民间版本参照标准的统一性较差，故删去。其二，采用更具体、准确的指标替换原有指标。如将“大专以上人口占总人口比重”指标修改为“大专及以上人口抽样调查数”指标，新指标数据更为准确。其三，由于原指标中深圳市数据异常，故将“城市公共图书馆个数”修改为“城市博物馆个数”。按照新指标体系测算的2020年结果，成都人力资源子指数排名从第7名调整为第9名。

总体上看，本期2021年成都人力资源子指数表现仅次于北京、上海和深圳三地，从上期2020年的第9名跃升至第4名，绝对分数从44.54分上升至52.05分，在中心城市中表现突出。从不同维度看，成都市人力资源数量排第6名，较上期下降两个位次，主要系金融从业人员数量有所下降所致。人力资源质量排第4名，较上期上升四个位次，主要系其构成指标由“大专以上人口占总人口比重”调整为“大专及以上人口抽样调查数”后，成都市该指标排名由第15名跃升至第3名，该维度竞争力有了显著提高。人力资源基础排第7名，较上期上升两个位次，主要系剔除了“中国

百强高中”这一成都不占优势的指标后，成都在该项下其他指标大多保持优势，相对排名不变，“普通中小学人均教师数”甚至略有进步。人力资源潜力排第6名，较2020年进步十七位，主要系指标调整所致。成都人力资源的发展与当地良好的教育环境密不可分，同时亦离不开成都市政府在培养人才和留住人才方面做出的不懈努力。按照新指标体系测算的2020年结果，成都人力资源子指数排名从原指标体系的第7名调整为第9名，在此基础上计算的2021年排名大幅上升至第4名。

（三）文化金融生态体系生机勃勃

在文化金融子指数领域，成都优势更加突出，从第6名上升至第4名，超过广州和杭州。各项相关指标均衡发展，“PC浏览量占比”的增加与文化产业的良好发展是排名上升的主要动力。

本期文化金融指标体系发生如下变动：其一，删去更新不及时的指标。由于“出版物发行网点数”和“文化产业本年完成投资额”无2017年后数据，故删去。其二，使用市级数据替换原来的省级数据，如将省级指标“公共财政文化体育与传媒支出”指标替换为市级指标“公共财政支出：文化旅游体育与传媒”，提升了数据的准确性。其三，加入对文化金融经营机构的衡量指标，如“文化市场经营机构营业利润”和“文化市场经营机构资产总计”。按照新指标体系测算的2020年结果，成都文化金融子指数排名保持在第6名的位置。

本期成都在文化金融方面保持了良好发展态势，排名从上期的第6名上升至第4名，绝对分数从上期的44.80分小幅下降至43.61分，略有波动。分项来看，“文化金融基础”和“文化金融发展”均列第5名，分别与上期持平和上升一位，处于全国靠前位置①。分指标来看，“2020年电影票

①　需要说明的是，广州文化金融发展列第3名，但文化金融基础列第9名，将文化金融子指数拉低至第5名。而成都两方面都列第5名，发展均衡，文化金融子指数列第4名。

房收入”“PC浏览量占比”“4A、5A级景区数量”“文化市场经营机构数量”“文化市场经营机构资产总计”“文化产业企业进行并购交易的家数”“文化产业企业获得PEVC投资的家数占比”“公共财政支出：文化旅游体育与传媒（占比）”分别位于被调研城市的第5名、第2名、第4名、第1名、第2名、第2名、第6名和第6名，具有较大优势。成都的“PC浏览量占比”“文化市场经营机构数量”“文化产业企业进行并购交易的家数（流量）”的排名较2020年有进步，分别较上期进步七位、一位和六位，相对优势明显。此外，文化金融指标体系加入了“文化市场经营机构资产总计”，成都在该指标方面远远超过广州、杭州两地，具有明显优势。

三、成都金融发展短板

（一）科技金融有进一步发展的空间

在科技金融子指数领域，成都发展势头较好，但排名下降两位。原来成都领先的军民融合指标因为数据停止更新而被剔除，导致成都排名被杭州、南京和合肥赶超，从第6名下滑至第9名。此外，成都科技金融基础的表现和上期持平，科技企业排名小幅进步。

本期科技金融指标体系调整如下：其一，删去不更新、数据不全的指标。2017年至今的“高新技术产业投资额”尚未更新，故删去。删去军民融合相关指标，因为官方停止更新“军民融合产业基地个数”，超过半数公司未公布“军民融合上市公司借款总额占总负债比重”。军民融合相关指标的剔除对科技金融子指数排名有较大影响。杭州、南京和合肥在军民融合方面均位列前十名以外，是其主要短板，而成都和重庆在军民融合方面排名靠前，是其主要优势。该指标的剔除直接助推杭州、南京和合肥在科技金融子指数的排名上超过成都和重庆。其二，纳入科创板相关指标，包括“科创板上市公司个数”和“科创板上市公司总市值占GDP比重”。其三，将“研究与试验发展（S&D）人员”改为“研究与试验发展（S&D）人员/

常住人口”，增加城市之间的可比性；将“专利授权数”改为“专利授权数：发明”，更加强调科技创新。综上所述，在原有指标体系下，科技金融分为科技金融基础、科技企业和军民融合三个方面；在新指标体系下，仅包含科技金融基础和科技企业两个方面。按照新指标体系测算的2020年结果，成都科技金融子指数排名从第6名下调为第9名，同2021年持平。

在科技金融基础方面，成都保持第11名。本期“科学技术支出占财政支出比重”增长32.48%，单项排名从第12名进步到第9名。本期“研究与试验发展（S&D）人员”绝对值保持增长，但是指标修改为“研究与试验发展（S&D）人员/常住人口”后优势不再，单项指标从第9名下滑到第14名，可见成都高知识高技能人才还不足以很好地满足城市发展的需要。借助于政府和金融机构的大力支持，成都高新技术企业发展较好，成都本期在“高新技术企业数”和“高新技术企业总收入”指标上分别进步一位和三位。

在科技企业方面，成都从第8名进步到第5名。但是成都和北京、上海、深圳、杭州的差距有所扩大，导致成都的得分相对下降；并且成都同其他中心城市相比没有明显的领先优势，科技企业对科技金融子指数排名的贡献不大。本期北京、上海、深圳、杭州增幅较大，北京和上海得分都在80分以上，遥遥领先于其他城市；深圳和杭州分别为48.06分和33.24分，表现可圈可点；其余城市得分均在20分以下，成都得分为18.80分。科技企业主要包括科技类企业A股上市公司、科技类企业进行并购以及获得PEVC投资的家数、科创板等指标。成都“科技类企业A股上市公司家数”从11家增加到13家，增幅为18.18%，而北京、上海等10个中心城市增幅均超过20%。“科技类企业A股上市公司市值”面临同样的问题，成都在该指标上的增幅仅列第14名，优势有所削弱。成都“科技类企业进行并购交易的家数”增加5家，排名提高五位至第3名。科创板指标为本期新增。成都在“科创板上市公司个数”和“科创板上市公司总市值占GDP的比重”指标上分别列第9名和第13名，数量和规模均不及北京、上海、深圳的1/4，也落后于同级别中心城市。不过成都科技企业后备力量充足，多家公司正在筹备上市，该指标有较大增长潜力。

（二）绿色金融仍有进步的空间

在绿色金融子指数领域，成都发展延续上期良好趋势，但排名下降三位，被广州、天津和福州赶超，从第6名下滑至第9名。

本期绿色金融指标体系调整如下：其一，删去不更新、数据不全的指标。由于“人均用水量”“城市道路交通噪声监测情况-路段超标率”“环境保护系统年末机构总数”“本级环保能力建设资金使用总额”持续未更新，故删去。其二，由于部分地区缺少数据，故删去“碳排放配额累计成交额”指标，用“CCER累计成交量”替代。其三，围绕实现“碳达峰、碳中和”战略目标，新增了“空气质量达到及好于二级的天数”“单位GDP能源消耗”“单位GDP二氧化碳排放量”“A股上市公司华证ESG评价平均得分”等指标，对绿色金融基础的衡量更加全面。其四，为了增强城市之间的可比性，将“碳排放配额累计成交额”省级数据换算为市级数据，新增了武汉、厦门、福州、广州。按照新指标体系测算的2020年结果，成都绿色金融子指数排名从第6名调整为第8名，同2021年持平。

从分项来看，成都绿色金融基础较上期大幅度下降，从第4名下降至第15名，在生活垃圾无害化处理、污水处理、节水环保等方面综合表现的绝对分数从2020年的78.50分略微下降至2021年的78.07分，基本维持原有水平，但是相对排名被福州、广州两市赶超。这主要是度量指标发生变动所致。新增的指标对成都排名有较大负面影响：在“空气质量达到及好于二级的天数”方面，福州凭借其良好的环境，列第1名，广州也较为优秀，成都则处在第22名的位置上。在“单位GDP能源消耗”方面，福州、广州和天津均显著领先于成都，其单位能耗分别为0.51吨标准煤/万元、0.33吨标准煤/万元和0.58吨标准煤/万元，远低于成都0.77吨标准煤/万元的水平。广州和福州在“单位GDP二氧化碳排放量”方面也有明显优势，其单位排放量分别为 0.99 吨/万元和 0.57 吨/万元，低于成都 1.05 吨/万元的排放水平。新增指标直接助推福州和广州在绿色金融基础中的排名大幅超过成都和重庆，福州和广州本期分别列第 2 名和第 5 名，成都则下滑至第 15 名。

在绿色金融发展方面，成都继续保持优势。具体而言，成都绝对分数从 2020 年的 25.67 分上升至 2021 年的 31.08 分，增幅 21.08%，进步显著，但由于广州、天津增幅更大，故成都相对排名下降一位，从第 7 名小幅下滑至第 8 名。究其原因，一方面是广州和天津凭借自身独特优势，进一步发挥金融助力绿色企业的功能。广州市在“环保公共服务类企业数量”“环保公共服务类企业市值”“环保公共产业企业进行并购交易的家数”方面均有所发展，前两项均大幅超越成都，第三项也追平成都市数据，有了显著进步。另一方面则是由于指标体系的变动，用“CCER 累计成交量”替代“碳排放配额累计成交额”指标，致使成都与福州、广州和天津由原来的差距较小或无差距变成改变指标后的差距较大。在引入的“A 股上市公司华证 ESG 评价平均得分”方面，成都表现不佳，在 35 个中心城市中排第 20 名，显著落后于福州、广州和天津三市。

第二节　他山之石

他山之石，可以攻玉。在本期天府金融总指数中，成都排第 6 名。然而在各子指数方面，成都具有不同的排名情况，其中在农村金融子指数方面，成都连续多年位居全国首位，而在科技金融、金融市场等子指数中，成都排名相对于总指数排名有所下滑。因此，本部分从各子指数入手，从绝对和相对两个角度选择在各子指数方面排名前列和进步较大的中心城市加以分析，总结不同子指数层面的优秀经验，更加全面地分析成都在金融业发展方面可借鉴的举措。

一、金融市场发展经验

（一）北京

北京在本期天府金融总指数中排第1名，同时在金融市场方面也表现出色，达到89.15分，是35个中心城市中唯一金融市场子指数得分突破80分的城市，并且与第2名上海拉开了较大的距离，其在金融市场方面的良好发展可见一斑。

1. 建设金融服务快速响应机制，满足多样金融需求

为更好地服务中小微企业，北京市金融监管局牵头，打造并实施“畅融工程”，为中小企业融资提供对接平台，具有融资需求的企业可以在工程安排下与金融机构对接，并定期根据不同主题筹划并举办活动。金融服务快速响应机制依托于“畅融工程”下的多个平台，目的是对企业资金需求快速响应，实现金融机构与企业资金需求的精准对接。

2.“四试点三基金”规模扩大，吸引资金投入

北京加大对私募行业的支持力度，“四试点三基金”包括份额转让试点、税收政策试点、QDLP（合格境内有限合伙人）试点、公募REITs（不动产投资信托基金）试点和S（私募股权）基金、人民币国际投贷基金、海外平行基金，是对对外投资管理政策的重要探索。北京开展的公募REITs试点成效明显，在全国首批上市交易基础设施REITs中，北京市占1/3。2020年9月7日，国务院发布《关于深化北京市新一轮服务业扩大开放综合试点，建设国家服务业扩大开放综合示范区工作方案的批复》，明确支持北京市在现行私募基金法律法规框架下，设立私募股权转让平台，拓宽私募股权和创业投资退出渠道，形成行业“募投管退”良性生态体系。

（二）武汉

武汉在本期金融市场子指数中排第10名，但是相比于2020年，武汉在金融市场方面进步三位，是前十名中进步最快的城市。

1. 通过专项行动及培育平台推进资本市场建设

2020 年 9 月 28 日，湖北省政府组织举办“2020 湖北高质量发展资本大会”，武汉市推动产业高质量发展“黄金十条”正式发布。在企业上市方面，武汉市提出上市公司倍增计划，深挖企业资源，实行梯队培育制度，做到每年“储备一批、培育一批、辅导一批、申报一批、上市一批”。同时，开展企业股改专项行动，推动企业完成股份制改造，完善上市后备企业资源库及行业后备资源库。此外，加强信息共享平台建设，武汉股权托管交易中心信息服务平台与各地政府信息资源共享平台互联互通，提升信息共享水平，提升信息资源流动性。积极加强与上海证券交易所、深圳证券交易所以及“新三板”的合作，建立合理高效的转板对接机制。

2. 开展信用培植工程，缓解资金融通问题

信用培植是指让正常条件下难以获得融资的企业达到融资标准，从而解决其融资难题。信用培植工程是构建支持创新和经济结构转型的金融服务平台，通过调查问卷收集企业的融资需求信息，银行、政府、企业在培植平台上均可实时查看培植工作进度，及时进行培植辅导。武汉通过缓解融资问题帮助受到疫情影响的中小微企业，同时使在疫情影响下的金融业得到快速复苏，降低企业融资成本，完善助企纾困举措。

二、金融机构发展经验

(一) 杭州

杭州在本期金融机构子指数中排第 5 名，排在成都的前一位。

1. 推动金融创新，引导基金内外联动

杭州金融创新在全国名列前茅，活力与创新是吸引金融机构入驻的优势之一。杭州阳光私募基金家数较多，同时杭州市在基金体系方面也做出了重大创新。比如，杭州建立了国内引导与跨境引导基金内外联动，天使基金、创投基金阶段接力的引导基金体系。同时，创新融资担保业务，开

展政策性融资周转等，为金融机构的发展创造了优质环境。

2. 加大政策支持力度，改善股权投资发展环境

杭州在母基金方面的探索处于全国前列，政府引导基金业务开展较早，距今已经发展十余年。杭州在整体和各个区层面均发力母基金，设立大规模杭州市创新引领母基金，支持中央国有企业资金、保险资金等在杭州设立创业投资基金和股权投资基金，优化股权投资发展环境。

杭州钱塘江金融港湾建设在相关的政策推动下稳步推进，在《关于加快推进钱塘江金融港湾建设，更好服务实体经济发展的政策意见》中对总部金融机构及其一级分支机构、私募投资机构、金融科技企业设立均有较大力度的扶持政策，如对金融机构总部累计最高给予5 000万元落户奖励。钱江新区的建设吸引了众多金融机构落地，形成了金融机构的集聚态势。

（二）青岛

青岛本期在金融机构发展方面，从2020年的第27名跃升至2021年的第20名，进步明显。

1. 财富管理金融改革进一步深化

青岛市财富管理金融综合改革试验区已经发展多年，通过先行先试，积极探索具有中国特色的财富管理发展道路①。立足财富管理改革，顺应国家资产管理改革大势，青岛市逐渐探索出了“行业领军企业示范带动、地方法人企业壮大实力、专业特色机构业务延伸、配套服务机构有效衔接”的多业态机构集聚模式。尤其是近两年来，青岛市逐渐形成了以财富管理为核心的金融机构集群，拓展了财富管理服务，并结合我国的资产管理政策新规，以资产管理带动专业财富管理机构集群，吸引金融资源集聚。

---

① 中国人民银行，国家发展和改革委员会，财政部，民政部，人力资源和社会保障部，商务部，国家税务总局，中国银行业监督管理委员会，中国证券监督管理委员会，中国保险监督管理委员会，国家外汇管理局. 关于印发青岛市财富管理金融综合改革试验区总体方案的通知（银发〔2014〕38号）[EB/OL]. https://www.waizi.org.cn/doc/115400.html.

2. 金融政策支持推动资源集聚

青岛充分抓住中国（山东）自由贸易试验区获批机遇，对于在自由贸易试验区（青岛片区）新设立和新迁入的法人金融机构，给予包括一次性补助、经济贡献补助以及办公场所补助等多种补助。同时，完善实施合格境外有限合伙人（QFLP）试点工作办法，研究合格境内有限合伙人（QDLP）试点工作办法，畅通资金流动渠道，优化审核流程，积极争取试点额度，促进跨境创投风投机构落户自由贸易试验区（青岛片区）①。同时从资金和政策两方面入手，解决金融机构在吸引人才方面的各项问题，支持金融机构引进金融行业的高端人才。

三、从业环境发展经验

（一）杭州

杭州在本期从业环境子指数中排第 5 名，较 2020 年排名上升两位，是前十名中进步最快的城市。

提升政务便利程度，推进法治化建设。杭州在提升政务便利程度方面推出了多项举措，主要涵盖商事制度改革、工程建设审批制度改革、税收服务便利化改革、跨境贸易便利化改革等方面。具体举措包括优化企业开办程序，实现“一日办结”“零费用”；打造企业投资简易低风险项目审批快速通道；优化用水用电便利程度；加速财产登记便利化改革；降低纳税费用，减少纳税时间；规范跨境贸易经营服务收费等。除此之外，杭州市重视营商环境法治化、公平化建设，加快营商环境法治化建设，加快转变营商环境指标考核导向模式，加强中小投资者权益保护②。

---

① 青岛西海岸新区政务网. 青岛市出台若干政策支持金融机构落户自贸区！42 项重点政策解读！［EB/OL］. https://www.sohu.com/a/337978116_664178.

② 杭州市建设国际一流营商环境工作领导小组办公室. 2020 年杭州市建设国际一流营商环境实施方案（杭营商办〔2020〕1 号）［EB/OL］. http://ghzy.hangzhou.gov.cn/art/2020/4/13/art_1228974260_49740574.html.

（二）南京

南京市在本期从业环境子指数中排第6名，排在成都的前一位。

1. 深化政务服务改革，突出对企业“全生命周期服务”

为了打造营商环境示范城市，南京每年展开优化营商环境政策制定工作。在起草政策期间，南京从企业家早餐会、实地走访等多个渠道，收集了企业家对该市营商环境优化工作的期盼。在营商环境改革措施中，政府要为企业服务，对企业进行“全生命周期服务”，定期发布南京“机会清单”，收集和发布城市投资机遇、投资需求，助力企业准确及时地掌握城市发展机会，参与城市发展。在优化营商环境过程中，南京积极探索非现场执法、建立“南京合伙人”制度、探索企业“休眠”制度、开展“与个人破产制度功能相当的试点工作”等。

2. 建立“先解决问题再说”机制

南京市建立“先解决问题再说”机制，专门成立了“先解决问题再说”联席研判工作组，明确牵头责任，由市委宣传部、网信办、编办、市政府办公厅、市发展和改革委员会、司法局、信访局、南京广播电视台8家单位组成联席研判工作组。坚持问题导向和结果导向，特别是针对职责不清、管辖争议等疑难复杂问题，建立健全问题受理、综合研判、协同处置、多方监督的全链条处理机制，强化“马上就办”的工作作风，杜绝部门之间推诿扯皮现象。

四、人力资源发展经验

（一）南京

南京在本期人力资源子指数中的排名较上期上升了五位，进步很大。在其取得进步的背后，南京近年采取的人才政策值得借鉴。

加大人才补贴力度，重视人才引进与培养。南京近年出台了较多有关人才落户的政策，吸引了更多的人才在南京就业安家。2020年，南京再次修订《南京市人才安居办法试用对象》，旨在为本市经济与社会发展所需人才提供住房保障。在这次的修订版中，南京进一步增加了人才门类，加大了对金融人才的补贴力度。C类、D类、E类人才都涉及了金融从业人员，符合C类人才要求的引进人才最高可以拿到购房补贴170万元。南京近年来金融业发展迅速，已成为南京经济一个新的快速增长点。

南京推出了多个人才引进及培养计划，例如“南京市中青年拔尖人才选拔培养计划”“南京市青年大学生‘宁聚计划’”“江苏省高层次创新创业人才引进计划”等。南京通过人才计划，集聚更多优秀人才，释放创新活力，推动南京各个产业快速发展，缩小与一线城市的差距。

（二）哈尔滨

哈尔滨本期人力资源子指数排名比上期上升了六位，取得了明显进步，其主要得益于人力资源质量和人力资源潜力的相对进步。虽然哈尔滨的绝对排名相对靠后，但表现出了较大的潜力，其采取的政策措施具有一定的参考价值。

1. 大力支持创新创业，形成多级人才梯队

哈尔滨新区积极探索“双创+共享”发展模式，着力构建“众创空间—孵化器—加速器—产业园”四位一体的全链条技术孵化和成果转化体系。其高新产业的发展，吸引了更多的高质量人才。据统计，新区已吸引、集聚各类专业技术技能人才20.7万人落户，其中回流反哺家乡的黑龙江籍优秀人才2 000多名，高层次创新型人才队伍已达1.31万人，形成了多级人才梯队[①]。

2. 颁布优惠政策，鼓励人才落户

2020年7月，哈尔滨市政府发布《关于鼓励来哈就业创业落户的若干

① 哈尔滨市人民政府办公室. 创新引领创业，创业带动就业［EB/OL］. http://www.harbin.gov.cn/art/2020/10/16/art_2573_950968.html.

政策》。哈尔滨提供了宽松的落户政策，并且推出了一系列优惠政策。从相关专业技术领域引进并落户的博士、硕士、本科生以及专科生，每月都可领取生活补贴，并且硕士和博士还可以领取一定额度的安家费。引进人才的子女可以按照属地统筹安排进入相应学校接受教育，引进人才的父母可以享受与本市市民相同的养老政策。全方位覆盖的优惠政策对于人才具有较大的吸引力，有利于哈尔滨市建设高质量人才队伍。

五、科技金融发展经验

（一）杭州

杭州市本期科技金融子指数成绩亮眼，比上期提升了五位，排第 4 名。杭州近年一直在推进国际金融科技中心的建设，在科技金融领域的政策具有一定的借鉴意义。

1. 整合优化金融科技空间布局

杭州依据《钱塘江金融港湾发展规划》和《杭州城西科创大走廊发展规划》，结合杭州金融科技企业集聚现状和发展趋势，打造“一核、两轴、四路、多点”的杭州金融科技产业空间布局。“一核”指钱塘江金融港湾规划的“钱江财富管理核心区”，包括钱江新城和钱江世纪城的金融核心区域；“两轴”是指杭州城区范围内的钱塘江金融港湾和城西科创大走廊的规划空间；“四路”是对两轴空间的细化，具体指城西科创大走廊区域范围的文一西路、西溪路沿线、钱塘江金融港湾规划范围的钱江路和江南大道沿线；“多点”指集聚于“两轴”“四路”及散布于杭州市其他各区域的重点金融科技集聚园区、众创空间。对金融科技空间的布局优化使金融科技企业集聚，分布更加有序，功能更加集中，也方便政府进行统一的监管。

2. 着力构建金融科技基础设施

杭州市率先推进以第五代移动通信（5G）、物联网为代表的万物互联基础设施建设，提升金融科技行业信息服务能力。杭州大力支持金融云服务平台的建设，提升云计算平台的能力，为金融科技业务提供数据存储及弹性计算等基础服务。全面落实大数据信用体系的建设，构建全面的社会信用视图，鼓励金融科技企业与数据公司开放共享信用信息及数据资源。

（二）合肥

合肥在本期科技金融子指数中的排名由第11名升至第7名，超过了成都。

1. 促进资金链、产业链和创新链深度融合

合肥建设新站高新技术产业开发区，全力发展高新技术产业，并围绕科技创新进行金融体系改革，促进资金链、产业链和创新链三链融合，深化金融和科技的合作。合肥市设立多种基金，例如新站天使基金、产业基金等，全力支持企业发展；设立“科技贷”“政银担”“续贷过桥资金”“税融通”等科技金融产品，助力科技型中小企业及园区企业融资；积极开展银企对接活动，为科技公司提供来自专业金融公司的帮助，形成多层次资本市场培育体系①。

2. 优化科创融资环境，发挥金融科技作用

2020年12月，合肥市出台《关于中国（安徽）自由贸易试验区合肥片区高新区块推进科技金融示范区建设，助力科创企业高质量发展的政策意见》，提出要注重延伸至科创早期。由于科创融资存在风险与收益不对称的特点，政府应该充分发挥资金引导补位的作用。同时在向科创企业提供金融服务时，要鼓励金融机构大力创新，针对科创企业，制定差别信贷政策。

六、绿色金融发展经验

（一）广州

广州市在本期绿色金融子指数中超过深圳，排第3名，并且在绿色债

① 合肥市人民政府办公室. 新站高新区“三个体系”深化科技金融融合［EB/OL］. http://www.hefei.gov.cn/ssxw/xxkd/105361171.html.

券发行、CCER以及碳排放交易方面，均处于中心城市排名中的前三名。成都“绿色债券发行额”“碳排放配额累计成交额”“CCER累计交易额”与广州市还有一定差距。

1. 金融创新推动绿色金融发展

广州市花都区推出全国首单绿色金融支持生猪养殖“保险+期货+银行”项目，在“保险+期货”基础上，引入银行融资服务。项目的整体亮点在于以绿色金融作为核心引领手段，通过联动保险、银行和期货的方案惠及非银行类产业。此次创新以养殖业为突破点，针对养殖企业获取银行信贷支持难的问题，创新性提出了绿色贷款支持的新模式，一方面实现了企业的信用增级，另一方面又能够实现企业端的风险分散与套期保值，充分缓解了猪生产周期造成的市场冲击。此外，正在组织区内企业有序前往香港地区，通过目前更加成熟的债券发行平台申请发行绿色债券，并与澳门地区金融管理局对接，积极筹备组织企业到澳门地区发行绿色债券。

2. 推进绿色金融跨区域合作

广州作为粤港澳大湾区绿色金融合作平台的重要支撑点，引领金融资源支持区域内绿色产业发展。目前，碳排放权外汇交易、合格境外投资者参与大湾区碳排放权交易等试点工作正在有序推进当中。平台还支持辖区内企业为绿色项目进行融资及认证，一系列举措成功加速了绿色企业融资建设速度，为绿色金融产品的发行与交易构建了可靠支撑。依靠大湾区金融绿色合作平台，一系列全国首创的绿色金融成果正不断诞生。

3. 完善绿色项目信息交流

广州市花都区已经联合中国人民银行广州分行建设了广州市绿色金融改革创新试验区融资对接系统。通过这套系统，广州市有效缓解了辖区内中小企业信用信息融资过程中的信息不对称问题，打破了信息壁垒。此外，将绿色项目申报、认证和融资对接融于一体，统一由第三方权威机构参与认证，大幅度提升了绿色金融信息的集成度和可信度，实现了项目申报、认证以及融资一体化，减少了企业花费的时间和资金成本，也提升了企业绿色金融方面信息区分程度，属于全国首创。

（二）天津

天津在本期绿色金融子指数中上升明显，列第6名，绿色金融的综合环境基础指标排名靠前，绿色金融资金供给方面有较大提升，绿色债券、信贷指标排名从第15名上升至第7名，“碳排放配额累计成交量”“CCER累计成交量”也处于全国领先地位，说明其在绿色金融资金供给配置方面存在有效措施，能够给成都的发展提供经验借鉴。

1. 持续推进绿色金融信息共享

天津市通过加强中国人民银行天津分行和其他金融机构以及环境部门等之间的信息交流，不断筛选优质的绿色低碳领域合作项目。中国工商银行天津市分行与中国人民银行天津分行、天津碳排放权交易中心合作，开发了银行征信系统和排放权交易系统“双质押登记”的风险控制模式，协助当地优质企业加快绿色生产。

2. 加快绿色金融产品和服务方式创新

天津积极探索更加高效便捷的绿色信贷的抵（质）押担保方式，如银行系统和排放权交易系统“双质押登记”，为绿色资产高效成为合格抵（质）押物提供便利，促使能源管理未来收益权、碳排放权抵（质）押贷款等信贷业务快速发展。截至2020年底，天津市本外币绿色贷款余额突破3 449.16亿元，同比增长7.9%①。

持续推进清洁生产、清洁能源、绿色制造、循环经济、绿色生态屏障建设、绿色建筑及绿色消费等领域的绿色金融产品创新，大力支持绿色金融债券、绿色债务融资工具的发行②。2019年全年绿色债券发行76.43亿

① 岳付玉. 天津市扎实推进绿色金融发展［EB/OL］. http://www.gov.cn/xinwen/2021-06/19/content_5619507.htm.

② 中国人民银行天津分行. 中国人民银行天津分行关于进一步推动天津市绿色金融创新发展的指导意见（津银发〔2020〕183号）［EB/OL］. https://www.sohu.com/a/434120726_620823.

元，而2020年仅天津银行累计开展绿色债券承销及投资就达64.92亿元。此外，天津市积极开展绿色租赁业务，截至2020年底，金融租赁公司绿色贷款余额1 101.12亿元，占天津市绿色贷款余额的31.9%。

（三）福州

福州在本期绿色金融子指数中排名上升至第7名（成都为第8名）。福州除了在污水处理、能源利用效率上具有优势，导致其绿色金融基础指标得分排第1名外，其绿色金融现状指标得分也得到提高，尤其是“碳排放累计交易额”“CCER累计交易额”“上市公司ESG评估”等方面得分有很大提升。近年来，福州在绿色金融基础建设、建立和发挥绿色金融区域优势等方面的创新有较强借鉴意义。

1. 持续深耕绿色发展，绿色金融基础坚实

福州通过不断引导辖区内银行业金融机构树立绿色发展理念，加大对绿色节能、环保生产及环境处理等领域企业的信贷支持力度，重点对辖区内较大的金融机构尤其是大型银行，如兴业银行福州分行、中信银行福州分行等，针对绿色信贷形成了较为完善的工作机制，建立了针对绿色金融项目的较为成熟的规章制度、组织架构、激励机制和管理团队，健全绿色信贷、绿色债券等考核激励机制，完善相关授信流程管理，在积极发展绿色信贷和绿色债券方面始终走在全国前列。这些绿色金融政策不断支持福州当地企业绿色转型以及引入绿色生产、服务等方面优质企业进驻福州。

2. 积极参与绿色金融区域合作，充分发掘绿色金融潜力

2016年底，福建碳排放权交易市场（全名：福建海峡股权交易中心）在福州正式启动，随着该交易中心业务的拓展，福建省碳排放配额、福建林业碳汇以及国家核证自愿减排量等标的出现，使得福州极大地提升了绿色信贷、绿色债券的使用效率，促使绿色金融资源向福州优质企业和项目汇集，满足企业前期的资金需求。

七、文化金融发展经验

（一）上海

上海市在本期文化金融子指数中排第 2 名，并且在文化金融基础方面列第 1 名。成都“文化市场经营机构营业利润”得分表现一般，而上海的“文化市场经营机构营业利润”得分最高，因此上海市采取的文化金融相关政策具有较大借鉴意义。

1. 推出专项文创金融服务产品

2020 年 3 月，上海市推出“文金惠”文创金融服务，为文化企业提供小额贷款优惠利率和担保费率。上海市还推出了专门服务于文化企业的“文创保”专项贷款产品，该产品具有审批快、贷款额度有保证、融资成本低的特点。

2. 建立文化金融服务工作站

2020 年 9 月，上海市杨浦区文化金融服务工作站正式启动，将长阳创谷、上海财大科技园等作为首批 8 个站点，未来将针对文化企业提供全面的金融服务。在每个站点明确服务专员，依托上海文化金融服务线上平台，帮助文化企业与银行、保险等金融机构之间维持沟通，消除两者之间的信息壁垒，助力文化企业获得金融服务。

（二）海口

海口市在本期文化金融子指数中的排名上升十八位，进步很大，并且在“公共财政支出：文化旅游体育与传媒（占比）”指数排名上列第 1 名。

1. 创新文化和金融融合方式

夏季是海口市旅游市场的淡季，为了实现“淡季不淡”，海口市与诸多金融机构合作，推出众多具有创新性的营销方式。光大银行信用卡中心启动“魅力海南旅游节”，联合中青旅、途牛等 400 家合作酒店、景点、餐饮店，开展 40 余个以海南为旅游目的地的相关活动，打造“惠行海南、畅游海南、嗨购海南、舌尖海南、别样海南”五大板块多样化服务体系。光大集团与海口市政府共同推进“旅游+金融”模式，探索金融支持文化产业发展的新方式。

2. 为文化金融复合人才提供优惠政策

2020年8月，海南发布《海南自由贸易港享受个人所得税优惠政策高端紧缺人才个人清单管理暂行办法》，明确指出，在海南自由贸易港，符合条件的境内和境外高端人才和紧缺人才都适用15%个税优惠政策。在行业紧缺人才名单中的金融领域技能技术骨干和管理人才列表中包含了文化金融人才。

八、农村金融发展经验

在本期农村金融子指数中，成都排第1名，成都依旧大力发展农村金融，同时部分城市取得了很大的进步，名次跃升。

（一）北京

北京在本期农村金融排名中进步九位，取得了较大的进步。北京近年一直在农村金融领域不断发力，其采取的政策措施值得成都分析和学习。

1. 推进农村金融服务环境建设

北京市将“大力推进农村金融服务环境建设”作为农村金融建设的一项重点工作。北京农村商业银行针对农民客户的特有金融服务需求，推出了小额助农贷款、存款、缴费充值等金融服务，并且研发投产养老助残卡自助延期，燃气IC卡自助购气、补气等涉及民生的普惠金融服务品种，大大方便了村民们的生活。关于金融知识的宣传活动也多次在农村举行，向村民普及基本的金融知识，提高村民防范诈骗的意识。

2. 上线特色农村金融产品

北京市农村小微企业快贷中心已投入试运营。该中心以政府引导和市场化运营为原则，完善农村产权流转体系、信用体系、担保体系、政策支撑体系，使更多金融资源向农村倾斜，提高农村地区金融服务覆盖率、可得性和满意度。该中心已上线几款特色农村金融产品，包括农村承包土地经营权抵押贷款相关产品、集体资产经营权质押融资产品等，丰富了融资通道，缓解了缺乏有效抵（质）押物的问题①。

（二）武汉

在本期农村金融子指数排名中，武汉市排第 9 名，进步六位，取得了很大进步。

1. 推广养殖业供应链金融

武汉创新性地推出了养殖业供应链金融，由核心企业向产业链上下游的经营户或者养殖户发放贷款，采用信用、保证、抵（质）押等多种担保方式，解决农户流动资金不足、抵押物不足的问题。这种方式改变了原有的银行与农户"一对一"的授信方式，一定程度上缓解了信息不对称状况。武汉农村商业银行采用这种模式，先后与大北农、傲农、海大、正大集团等多家涉农上市集团公司建立养猪供应链金融合作，并在湖北地区进行养猪农户饲料供应链金融服务试点，利用大数据、云计算、人工智能为养猪农户赋能，推进生猪产业转型升级。

2. 全面开展移动支付场景建设

2019 年，中国人民银行武汉分行出台了《关于金融服务湖北乡村振兴的实施意见》，加快农村地区新兴支付方式推广工作，协调相关银行机构、支付机构和清算机构统筹数字乡村和智慧城市一体化发展，通过移动支付使村民拥有更加方便快捷的日常生活、教育资源及医疗服务。截至 2019 年底，湖北省共设立助农取款服务点 4.6 万多个，行政村覆盖率 100%，农村村民实现了在村中完成小额存取款、转账等金融业务，打通了农村支付的"最后一公里"②。

---

① 环京津新闻网记者. 北京市农村小微企业快贷中心试运营，上线特色农村金融产品 [EB/OL]. https://baijiahao.baidu.com/s? id=1674812254760203158&wfr=spider&for=pc.

② 吴海峰. 湖北：便捷支付助力乡村振兴 [EB/OL]. https://www.financialnews.com.cn/ncjr/phjr/202004/t20200409_187836.html.

第三节　成都金融发展政策建议

一、进一步发展金融市场，实行拟上市企业梯队培育政策

实行拟上市企业梯队培育政策，建立产融结合机制和平台，构建大中小企业成长周期多层次、多渠道的产融信息对接服务平台。形成企业和项目融资信息对接清单，建立产业发展引导信息发布机制，及时发布产业政策、产业规划等信息，引导金融机构制定有针对性的信贷政策。

深化产业链金融，嵌入重点行业，着力推动重点项目。鼓励银行类机构制定差异化授信政策，为产业链上下游配套企业提供支持，配合加强关键核心配套企业的招商引资力度。建立和完善政府专项引导基金，探索国内与跨境引导基金内外联动。设立小微企业信用保证基金，为小微企业提供信用担保。完善金融要素市场体系，在自由贸易区内打造优质的地方交易中心，例如天府商品交易所、成都股权交易中心、衍生品场外清算结算中心等。

二、吸引金融机构集聚，提高对外开放水平

谋求多层次的金融机构在成都集聚。政府要主动提供财政、税收等优惠政策，对接总部在北京、上海等第一梯队城市的金融机构，将偏好低成本的部门主动承接转移到成都；发展服务于“一带一路”建设的国际金融交易所、创业投资中心和投融资项目平台；完善跨境金融投资、外汇资金集中运营管理、人民币结算支付和商业保理等业务。设立创新引领母基金，支持中央国有企业资金、保险资金等在成都设立创业投资基金和股权投资基金，优化股权投资发展环境。

推动更高水平对外开放，吸引外资金融机构。政府要支持在自由贸易

区设立中外合资银行、中外合资证券、相互制保险组织等，引进国外一流金融机构在蓉设立分支机构，便利跨境资金融通。

三、优化从业环境，完善信用体系

不断推出优化营商环境改革方案，简化政务服务。政府要精简环节并压缩时间，对原有环节流程逐一梳理，削减部分环节，制定专门的优惠政策，减免有关环节的费用，切实减轻银行和企业的负担。搭建政府、银行、企业沟通平台，深入了解成都在营商环境中存在的真实问题，并提出针对性解决方案，在实践中探索改革可行性、在推进中确保政策可操作性，提升企业实际获得感。

完善社会信用体系，建立诚信社会。政府要加快整合社会信用信息资源，通过云数据尽快建立企业和个人信用信息平台，为数字普惠金融提供强大的数据支撑。同时规范信用制度，将小微企业信用评估纳入财政补贴考核标准中，将个人信用信息纳入升职等考核标准中。严格遵守相关法律和行业道德规范。

四、加大金融人才队伍建设力度

扩大金融人才总量，增加金融机构从业人员占比。政府要出台针对优秀金融人才的吸引政策，适当倾斜性地放宽金融行业落户指标控制，合理吸引优秀金融人才入蓉。加快落实住房租赁市场试点工作，解决住房保障问题；完善金融人才扶持、奖励机制，健全针对金融人才的工作机制。

建立健全岗位培训制度，定期开展职业技能培训，提升现有金融人才的专业技能；加强同高校的合作，将高校的人才引进和培养纳入金融中心的建设体系中。加大科研经费投入，支持高校创新发展。推动四川大学、西南财经大学、电子科技大学等高校向“双一流”大学迈进；重视学术交流，支持成都各高校和世界一流大学合作办学，开展高水平人才联合培养项目合作。

五、发展科技金融，推动科技金融集聚化发展

加大对高新技术企业上市的扶持。政策上继续保持对高新技术产业的支持；完善专利申请制度，助力突破高新技术研发障碍；出台政策帮助企业拓宽市场渠道，形成从研发到落地再到上市的相关配套制度及产业扶持政策。加强对高新技术产业的资金支持，帮助解决优质高新技术企业融资难题，形成天使投资、创业投资、产业投资、债权融资、上市融资、融资顾问、上市辅导等涵盖企业全生命周期的投融资服务体系。

创新培育发展新兴金融业态集聚空间，推动科技金融集聚化发展。成都现有的新兴金融业态集聚空间包括中国天府国际基金小镇和以Fintech为主题的金融业众创空间——金融梦工厂。一方面要利用好现有的两个基地，在基地内提供优质的共享平台；另一方面要围绕新兴金融产业发展的区位特征和空间需求，发挥好金融产业促进科技型企业发展的功效。

六、发展绿色金融，推动产业转型升级

完善绿色金融激励约束保障机制，通过相应的政策引导和制度安排实现绿色投资的商业可持续。在绿色债券方面，可以出台发展绿色债券的优惠措施，例如建立绿色债券发行担保和增信机制。在绿色基金方面，将绿色发展基金作为重要的绿色投融资平台，对所投项目积极落实配套扶持政策，探索成立专业担保机构，建立绿色项目风险补偿基金。

持续推动绿色金融产品和服务创新发展。加大对绿色节能、环保生产及环境治理等领域企业的信贷支持力度，健全绿色信贷、绿色债券等考核激励机制，完善相关授信流程管理，积极发展绿色信贷和绿色债券。不断完善商业银行的绿色信贷机制，鼓励商业银行积极开展绿色生产贷款、绿色房贷、车贷以及能效贷款和技术租赁等零售性绿色金融产品。着力推广

强制性环境污染责任保险制度。尽快建立以环境污染责任保险为主体、多类创新险种并存的成都绿色保险体系。

七、搭建文化金融服务平台，推出文创金融服务产品

建设征信数据库，完善轻资产资信评级。尽快建立科学合理的文化企业征信数据库、文化产业无形资产评价机制和信用评级制度，实现版权、著作权、收益权、销售合同、设计创意及个性化服务等无形资产的有效质押。根据征信数据库和资信评级开辟商业银行文化产业专项贷款绿色通道，建立快速审批机制，提供优惠利率，设立专项授信额度，专门用于支持文化企业融资交易。

建立文化金融服务工作站，针对文化企业提供全面的金融服务。推出长期服务于文化企业的专项贷款产品，保证审批快、贷款额度有保证、融资成本低，服务于优秀的文化企业。引进文化金融复合人才，采取人才优惠政策，吸引更多相关人才投身成都市文化金融行业，助力文化金融发展。

八、进一步推动农村金融改革发展

加快农村金融产品和服务创新，开发特色农村金融产品。鼓励全市农村金融机构利用大数据等“互联网+”技术开展市场调研，充分发挥大数据的快速、精确优势，提供个性化的专业服务，满足不同类型的客户需求。

进一步完善农村信用信息体系。推进农村金融服务环境建设，推进移动支付场景建设。加快农村地区新兴支付方式推广工作，在农村地区投放金融基础设施，协调相关银行机构、支付机构和清算机构统筹数字乡村和智慧城市一体化发展，加强对“互联网+”应用及农村互联网金融的宣传，帮助广大农户树立“互联网+”理念。

第三章

绿色金融专题研究

第一节 绿色金融模式和标准研究

本章研究全球主要的绿色金融理论、政策和发展模式，并分析国内外绿色金融标准，以期为我国绿色金融创新实践提供理论基础和借鉴。该章分为三个部分：第一部分主要总结了绿色金融的理论基础，发现绿色金融政策主要通过推动产业优化升级和企业技术改善促进绿色产业发展；第二部分阐述了美、欧、中各自的绿色金融政策特点，以及政府和金融市场分别所起到的作用，在此基础上提炼出了三种绿色金融发展模式，并进行对比分析，发现我国绿色金融模式优势在于政府对绿色金融发展的支持力度更大，目标更加明确；第三部分从绿色债券标准、绿色信贷标准和信息披露制度三个方面对国内外进行对比分析，发现我国绿色金融标准优势主要在于精细度和执行力方面。

一、绿色金融的理论基础

绿色金融具有促进能源节约、环境保护和推动经济可持续发展的双重作用。在能源节约、环境保护领域，绿色金融的作用相当于环境治理，可以与传统环境治理措施共同实现环境保护目标。绿色金融可以推动企业将资金投向绿色产业、绿色信贷以及绿色债券等相关产品限定资金投向，例如节能减排设施、低碳产业和新能源产业（熊思琴，2018），从而促进环境保护，并具有一定的空间溢出效应（朱向东，2021）；绿色金融可以起到传统环境治理措施的补充作用，环境规制一般通过设定相关环境准入以及排放标准来对高耗能及污染企业的发展予以限制，而绿色金融则着重于发展绿色产业，并进一步提高绿色产业投资回报率（王遥，2016）。同时绿色金融也可以促进经济可持续发展（Yue，2018），其具有提高企业社会责任履行度的正外部性（麦均洪，2015），主要通过投资与消费途径对经济增长产生正效应（柴静霞，2018）。但目前我国绿色金融市场也面临一定的挑战。例如绿色债券市场存在“洗绿”“漂绿”现象、交易投资不活跃、发行者积极性相对不高等问题（陈骁，2021）；“碳中和”目标下绿色金融存在较大资金缺口，当前绿色金融体系与“碳中和”目标不匹配等问题（信瑶瑶，2021）。

绿色金融政策主要通过推动产业优化升级和企业技术改造来促进绿色产业发展。在产业优化升级领域，绿色金融具有绿色产业资本集聚和绿色发展信号传递作用（徐胜，2018）。一方面通过提升污染企业的融资成本，显著降低投入污染企业的长期贷款，抑制污染企业的信贷融资（Chen，2018；丁杰，2019），进而有利于污染物排放减少（胡宗义，2019）；另一方面可以通过显著提高绿色产业公司融资便利性（牛海鹏，2020）和支持环保产业发展优化升级（魏丽莉，2020）的方式推动产业优化升级，并同时可以促进本地服务业的发展，进而推动银行业的协同发展（罗知，2021）。在企业技术改造领域，绿色金融一方面激励企业引入绿色技术和投入相关研发，推动企业绿色技术创新（何凌云，2019），促进企业产能利用率的提高（Cheng，2020），结合绿色消费、竞争激励从外部帮助企业打开市场，树立优势（王丽萍，2021）；另一方面还可以对具有高经济效益和环保效益的新兴产业领域起到重要的资金支持作用，例如新能源和储能技术领域（Zhang，2019）。

二、绿色金融政策与模式

绿色金融政策体系对绿色金融的发展具有重要作用。本节在回顾美国、欧洲和中国绿色金融政策的基础上，从政府和市场两个维度，总结提炼出了三种不同的绿色金融发展模式。通过对比分析美、欧、中三种绿色金融模式的差别，可以有助于发现我国绿色金融发展的优势和不足。

（一）美国：以环保为契机，以金融产品驱动创新

从绿色金融政策来看，美国以环境保护为契机，联邦政府与各州共同

通过能源节约、环境保护政策立法方式推动绿色金融发展，而直接涉及绿色金融发展的政策相对较少。美国联邦政府对绿色金融的发展在政策上主要起到引导和监督作用。20世纪70年代以来，国会通过多部涉及大气污染、水污染、废物处理等关于环境保护的法律，对环境保护提出严格要求。国会同时于1980年通过了《综合环境响应补偿及责任法》法案，并建立了超级基金用于污染代偿；同年出台了《全面环境响应、补偿和负债法案》，规定银行需要对客户产生的环境污染负责，并支付一定的修复成本。奥巴马时代更加重视绿色金融发展，2009年推出《美国清洁能源与安全法》，包括绿色能源、能源效率、减少全球变暖风险以及向低碳经济转型四大部分，推动了美国清洁能源推广和相关技术快速发展。在信息披露方面，早在20世纪90年代末，美国环境质量委员会就已规定企业在进行环境信息披露时必须发布环境报表。美国各州在遵守联邦政府法律的同时，也根据各州具体的环境现实情况制定了相关地方性环境保护法律法规以及绿色金融政策。以在环境保护和绿色金融方面较为活跃的加利福尼亚州为例，2006年发布《加利福尼亚州全球变暖解决方案法》，成为美国第一个从法律上约束实现减排目标的州；2010年通过《限制二氧化碳排放总量管制与排放交易规定》，成为美国第一个利用市场规律遏制温室气体排放的州。

美国绿色金融模式的主要特征为金融产品驱动创新，从而为绿色资金提供了丰富的投资渠道。美国较早重视环境保护，出台了针对金融机构、产业部门等主体的相应法律和规范，从而为绿色金融产品创新创造了良好基础。同时美国发达的金融市场也成为绿色金融产品创新的重要源泉，美国在绿色信贷、绿色债券、绿色保险等产品方面均有丰富创新，涉及生产、消费等环节。例如在绿色债券方面，美国根据相关绿色项目的特点创新式推出提前偿还债券、特殊税收债券和拨款支付债券等诸多类型；在绿色保险方面，美国于1988年成立了专业环境保护保险公司，并创新发展各种环境责任保险、气候保险，在保险设计、政府担保等方面不断进行创新；在绿色基金方面，美国同样建立了清洁水循环基金、超级基金等各种市场化绿色基金；在ESG投资方面，高盛集团旗帜鲜明地提出ESG投资理念，此后ESG投资在美国取得了快速发展。绿色金融产品创新为相关资金提供了丰富的投资渠道，并降低了绿色项目的融资成本，从而推动美国绿色产业不断发展。

（二）欧洲：政府支持与引导，以间接融资为主

欧洲实施的绿色金融政策不仅在能源节约、环境保护政策上对绿色金融发展提供间接支持与引导，也直接对绿色金融相关内容和发展进行管理和支持，甚至制定未来绿色金融发展战略蓝图。这里以在绿色金融发展领域处于前列的法国、英国和德国为例。在节能环保政策方面，德国很早就对环境保护进行立法，20世纪70年代以来就制定了一系列环保法律，1994年颁布的《循环经济与废弃物处理法》更是世界上第一部循环经济法。英国于2008年颁布《气候变化法案》对气候变化相关问题立法，2009年推出《可再生能源战略》以及《低碳转型计划》，鼓励绿色低碳经济发展。在绿色金融信息披露和监管方面，法国政府于2001年推出《新经济规制法》，要求上市公司年报必须考虑企业经营活动的社会和环境后果；于2010年继续推出《综合环境政策与协商法》，要求500人以上企业扩大环境相关信息披露范围，对资产管理公司ESG信息披露提出要求；2015年进一步推出《绿色增长能源转型法案》，要求上市公司、信贷提供者、银行和机构投资者说明公司在风险管理中如何融入ESG标准并如何推动能源以及生态转型；为确立监管职责，于2019年推出《企业成长与转型法》，确定了法国金融市场管理局对金融机构ESG信息披露的监管职责。在绿色金融规划和战略发展方面，英国在2001年就已建立碳排放权交易体系，并于2019年最终提出《英国绿色金融战略》，将目标资金投向绿色项目，实现金融绿色化，建立清晰及协调的绿色金融体系，描绘了英国绿色金融发展的蓝图。法国更加注重气候变化影响，于2017年开始实施《法国绿色金融战略》，将气候

风险纳入金融风险体系，战略性利用金融资源为转型提供资金，并努力构建有关气候风险的金融监管体系，描绘了法国绿色金融发展的蓝图。由此可见，与美国绿色金融模式不同，欧洲绿色金融发展更加重视政府的积极主动支持和引导作用。

欧洲绿色金融模式的主要特征是政府支持与引导，以间接融资为主。政府为社会资本投入绿色项目提供便利，政府绿色资金在绿色金融发展过程中起到了催化剂的作用。欧盟各国政府一方面通过政府担保激励与税收优惠支持绿色项目，例如给予绿色项目贷款一定贴息及利率优惠或税收优惠；另一方面通过政策性金融机构推动社会资本进入绿色项目，例如英国成立专门进行绿色投资的政策性银行——英国绿色投资银行，重点投资于具有商业价值的绿色基础设施项目，并引导大量社会或个人资本投向绿色项目。欧洲的绿色金融在融资方式上主要依赖银行，例如德国政府于1974年主导成立了世界上第一家生态银行，从而为绿色信贷发展提供资金支持；并于1988年成立了世界上第一家绿色银行，推动德国绿色产业发展。而且，德国最早开展绿色金融相关业务的政策性银行德国复兴信贷银行在2003年就已参与碳排放交易，目前其银行贷款也有将近一半被用于绿色产业领域。

（三）中国：政府积极引导，直接融资和间接融资双轮驱动

中国绿色金融政策包括全国性政策和地方推出的试点政策，并于近年来开始对绿色金融体系建设和发展进行直接管理和支持，侧重于顶层设计。在全国性政策方面，在“碳中和”相关目标指引下，生态环境部、中央银行等针对绿色金融出台了多个指导意见、政策规定，涉及绿色金融市场、绿色金融产品等方面。例如，2020年12月，生态环境部发布《碳排放权交易管理办法（试行）》，提出建立全国统一的碳排放权交易市场，并于2021年2月1日开始全国碳排放权集中统一交易。2021年2月，国务院发布《关于加快建立健全绿色低碳循环发展经济体系的指导意见》，提出要培

育绿色交易市场机制，并进一步健全碳排放权等交易机制；3 月，中国人民银行提出“三大功能”“五大支柱”绿色金融发展政策思路，对未来我国绿色金融各方面发展提出系统性规划；3 月，生态环境部发布《碳排放权交易管理暂行条例（草案修改稿）》，重视碳市场的金融属性，提出设立国家碳排放交易基金；4 月，中共中央办公厅、国务院办公厅发布《关于建立健全生态产品价值实现机制的意见》，鼓励绿色金融产品和服务创新发展；6 月，中国人民银行发布《银行业金融机构绿色金融评价方案》，明确银行绿色金融评价指标。

同时，我国绿色金融改革创新试验区和其他地区也出台了地方性绿色金融相关政策和文件以支持绿色金融发展。例如湖州市早在 2018 年 9 月就发布了绿色融资项目、企业以及绿色银行绿色金融专营机构建设等一系列评价规范文件，从而构筑了清晰、全面的绿色金融评价模式。广州市于 2020 年 4 月推出《广州市黄埔区、广州开发区促进绿色金融发展政策措施》，围绕“机构、产品、市场、平台、创新”五大维度支持绿色金融发展，推动绿色经济转型。北京和黑龙江也于近期分别出台了《关于金融支持北京绿色低碳高质量发展的意见》和《黑龙江省绿色金融工作实施方案》，对两地绿色金融及产业发展提供了系统性指导，描绘了未来绿色金融发展的蓝图。由此可见，我国绿色金融发展模式的特点是中央顶层设计结合各地区创新试点，政府在绿色金融发展过程中发挥了更加积极的作用。

我国绿色金融发展模式的主要特征是政府积极引导，直接融资和间接融资双轮驱动。自上而下的政策推动使我国绿色金融产品在直接融资和间接融资两方面均实现了迅速发展。数据显示，截至 2020 年底，我国本外币绿色贷款余额约为 12 万亿元，绿色债券存量约为 8 000 亿元，分别列世界第一位和第二位，为支持绿色低碳转型做出了重要贡献。中国在“碳中和”目标指引下，根据绿色产业发展现状对绿色信贷、绿色债券等绿色金融产品进行了大量创新。在绿色信贷品种创新方面，兴业银行推出绿色建筑按押贷款，马鞍山银行推出绿色标识产品消费贷款，广州推出可再生能源补贴确权贷款；而在绿色债券品种创新方面，青岛发行了境内首单服务于海洋经济发展的蓝色债券，上海发行了以“碳中和”为主题的绿色金融债券，广州发行了全国首单“三绿”资产支持债券以及首单绿色建筑领域的“碳中和”债券。

（四）绿色金融发展模式对比分析

根据上述对美、欧、中三种绿色金融政策及模式的阐述和分析，我们可以发现：第一，在政策方面，美国主要集中在以节能环保政策间接支持绿色金融发展方面；而欧洲和中国既有间接节能环保政策，也有直接对绿色金融发展进行规划和支持的相关政策和战略蓝图，尤其是中国由于发展起步较晚，相关政策对绿色金融发展的支持力度更大，既有中央层面的顶层设计，又有地方政府试点政策，可谓是奋起直追。第二，在政府的作用方面，美国政府在绿色金融发展过程中主要起引导和监督作用，不会直接进行纲领性指导，金融、环保等领域的机构组织是推动绿色金融发展的主要外部力量；而欧洲政府在绿色金融发展过程中主要起支持和引导作用，直接规划绿色金融发展；中国政府在绿色金融发展过程中更是直接规划顶层设计，同时地方政府根据各地绿色产业现实发展情况制定不同的发展方案。第三，在产品和融资体系方面，美国凭借其发达的金融市场建立了市场化绿色金融产品创新体系，主要以直接融资为主；欧洲则更加重视银行在绿色金融发展过程中的作用，以间接融资为主；中国则建立了直接融资和间接融资双管齐下的绿色金融市场体系，其中银行在绿色金融市场中仍然起主要作用。

相较于欧美的绿色金融模式，我国绿色金融模式优势在于政府对绿色金融发展的支持力度更大，并设计和实施切实可行的发展战略规划，从而保障绿色金融发展基础稳固，目标明确，更容易集中力量促进我国产业绿色转型和经济可持续发展。但由于中国的绿色金融发展起步较晚，还存在绿色金融市场参与度不够，市场主体主要为银行，非银行金融机构参与程度较低等问题。原因可能主要在于目前我国投资者绿色投资意识和理念尚有所欠缺，同时绿色金融盈利能力不足，导致不少投资主体的参与积极性和投资意愿不高，另外国家政策的强制性力度也稍嫌不够。未来应深化激励机制，加大政策约束力度，倡导投资者形成绿色投资理念，加强政府资金对社会资金的引导，从而提高投资者和金融机构对绿色金融市场的参与度。

三、绿色金融标准

绿色金融标准旨在建立科学的标准体系，对市场主体、项目产品和主体行为等内容进行分类，从而判定其是否绿色和绿色发展的程度。明确的绿色金融标准是政策制定、信息披露、产品设计和风险识别的前提和基础，并为金融精准支持绿色产业发展和经济转型指明方向。目前，全球对绿色金融标准的分类基本都是对项目绿色或不绿色以及绿色程度的界定和分类，在产品上主要集中于债券和信贷领域，在主体方面主要是对银行业制定更加全面的规范以及对金融机构提出更加严格的信息披露要求。

（一）绿色债券标准

在国际绿色债券方面，国际层面认可度较高、已被市场主体广泛采用的绿色债券标准包括国际资本市场协会于 2014 年推出并于 2018 年修订的《绿色债券原则》以及气候债券倡议组织于 2011 年推出并于 2017 年修订的《气候债券标准》。《绿色债券原则》支持范围包括可再生能源、能效提升、可持续水资源和废水管理、生态效益性和循环经济产品、污染防治和气候变化等，首次明确地规定了绿色债券的分类标准，并为绿色债券市场提供相关的信息披露框架和建议，是全球范围内适用性最广的绿色债券标准。《气候债券标准》支持范围包括能源、水、低碳建筑、废弃物与污染控制和自然资产等，是气候债券的发行人和投资者判断债权是否满足发行要求以及具有气候效益的最常用标准之一。欧洲投资银行于2013年推出《气候意识债券项目资格标准》，并于机构内部强制执行，支持范围包括电力生产和传输、废水处理、固体废物管理和自然生态系统等。欧盟于2020年发布了《欧盟可持续金融分类体系》，为对环境有重大贡献的经济活动（对气候变化、污染控制、水资源和海洋资源保护、循环经济、生态系统保护和资源回收利用）、对环境无重大危害的经济活动以及最低保障要求设置了不同的技术筛选标准。美国目前在联邦层面没有专门的绿色债券标准，仅在个别州出台了发行人自愿采纳的标准，例如加利福尼亚州于2018年出台的《绿色债券承诺》。

在国内绿色债券标准方面，2015年7月，我国成功发行了第一只绿色债券，同年12月，中国人民银行、国家发展和改革委员会相继出台了《绿色债券支持项目目录（2015年版）》和《绿色债券发行指引》，为界定绿色债券支持项目范围、规范绿色债券市场发展起到了重要的指引作用。随着我国绿色金融内涵的不断丰富、相关标准的迭代更新，以及满足与国际通行标准接轨的要求，2021年4月21日，中国人民银行、国家发展和改革委员会、证监会对项目目录进行了首次更新，并联合发布了《绿色债券支持项目目录（2021年版）》，于2021年7月1日正式生效。新版目录明确了绿色债券的含义和界定标准，同时根据国家绿色发展战略调整和丰富了支持项目的范围和领域，覆盖了所有绿色债券类别，解决了以往绿色债券在评估认证过程中所面临的各标准支持项目不统一问题。同时根据国家绿色发展内涵的不断丰富，调整并补充了支持项目的领域和范围，增加了产业领域，包括绿色农业、装备制造、产业园区升级、城市生态保护与建设、绿色服务等。同时也在一些产业领域中扩大支持项目范围，例如增加了超低能耗建筑、装配式建筑、氢能利用项目等。

（二）绿色信贷标准

在国际绿色信贷标准方面，目前影响力比较大的绿色信贷标准是2002

年花旗银行、荷兰银行、西德意志州立银行和巴克莱银行等 10 家银行在国际金融公司绩效标准基础上共同发起的《赤道原则》。其根据融资项目对社会及环境的影响，将风险程度划分为 A、B、C 三类，并提出相关管理要求。截至 2020 年底，全世界有 37 个国家的 97 家金融机构采纳《赤道原则》，包括中国的兴业银行、江苏银行以及湖州银行。此外还有由贷款市场协会、亚太贷款市场协会和银团及贷款转让协会共同推出的绿色信贷原则，规定了绿色信贷对象范围。此外，国际上针对绿色信贷产品的重要标准还有《绿色信贷原则》和《可持续发展关联贷款原则》。《绿色信贷原则》参考了《绿色债券原则》，明确了绿色信贷具体的项目类型，对银行发放绿色信贷制定了框架和标准。《可持续发展关联贷款原则》将贷款与可持续发展绩效指标（SPTs）进行挂钩。

中国在绿色信贷标准领域走在国际前列，是目前全球唯一建立了完整的绿色信贷制度框架且信贷体量较大的国家。银监会在 2012 年出台了《绿色信贷指引》，是我国对绿色信贷统计和评价规范的较早探索；在这一基础性文件的指引下，2013 年和 2014 年又先后发布了《绿色信贷统计制度》和《绿色信贷实施情况关键评价指标》，进一步界定了绿色信贷的范围、指标和评价方法。除此之外，2018 年 1 月，中国人民银行发布《关于建立绿色贷款专项统计制度的通知》，引导金融机构加强绿色信贷基础统计能力；同年 3 月，中国银行业协会发布了《中国银行业绿色银行评价实施方案（试行）》，规范银行机构绿色信贷工作；同年 7 月，中国人民银行发布《关于开展银行业存款类金融机构绿色信贷业绩评价的通知》，要求银行在开展绿色信贷业务时在定性和定量方面进行业绩自我评估。其中，定量指标的权重为 80%，包括绿色贷款余额占比、绿色贷款余额份额占比、绿色贷款增量占比、绿色贷款余额同比增速、绿色贷款不良率 5 项。定性指标占比 20%，由中国人民银行对银行业存款类金融机构的日常经营情况进行综合考虑后打分确定。2020 年，银保监会发布《关于绿色融资统计制度有关工作的通知》，对气候变化问题更加重视，增加了气候融资统计，包括气候变化减缓融资和气候变化适应融资。

（三）环境信息披露制度

企业和金融机构对金融活动进行充分的环境信息披露，是金融体系引导资金投向绿色产业的重要前提和基础。除了对绿色产品的分类标准外，对绿色金融活动的信息披露越来越完善的规范也随之而来。例如，在《绿色债券原则》和《绿色信贷原则》中，除了对绿色产品的界定和分类标准外，也制定了信息披露报告的标准框架。发达经济体目前在信息披露上已经有了较成熟的机制和体系。以欧洲为例，欧盟在2019年11月发布了《可持续金融信息披露条例》，要求金融机构和产品必须披露可持续发展相关的信息，并于2021年3月开始实施。2020年底，英国宣布，在2025年，所有上市公司都必须达到气候变化相关财务披露小组（TCFD）制定的信息披露标准。

我国针对具体绿色活动和产品的信息披露制度较多，但标准并不统一，且针对领域较窄，缺乏相关指引文件为不同行业提供统一的规范。2021年8月，中国人民银行发布的《金融机构环境信息披露指南》，是我国首批绿色金融标准之一，覆盖商业银行、资产管理机构、信托公司、保险公司四类机构，为金融机构环境信息披露工作提供了规范和指引。

（四）国内外绿色金融标准小结

国际和国内绿色金融标准的主要差异在于：一方面，重点针对领域的范围不同。欧洲将重点放在气候变化领域，因此其绿色金融标准主要集中于气候变化的减缓与适应。而我国将重点放在能源领域，因此将化石能源的清洁利用和改造纳入绿色金融支持范围，而欧洲标准则不包含化石能源项目。另一方面，我国绿色金融标准由监管部门制定出台，因此具有强制执行力，而欧洲与美国的相关标准大多由市场主体自愿遵守，并不具有强制约束力。

比较而言，我国绿色金融标准在精细度和执行力方面具有优势。我国绿色债券标准已细分至三级目录，详细规定了绿色债券募集资金具体项目投向；绿色信贷标准也对绿色贷款投向的具体项目及标准进行了详细的解释和说明，并对后续信息披露以及资金管理严格要求。但目前我国的绿色金融标准还存在部分产品分类标准不够统一、与国际相比对绿色债券和绿色贷款的界定范围偏窄等问题。另外在信息披露方面尚存在环境信息披露主体较少、披露机制不够完善、披露内容具有局限性等不足。

第二节 城市视角的中国绿色金融实践

2016年8月，中国人民银行牵头印发了《关于构建绿色金融体系的指导意见》，明确了绿色金融的发展方向和目标。在发展过程中，六省九地先后获批绿色金融改革创新试验区，大胆探索绿色金融改革创新的实践方向。2021年上半年发布的《中国绿色金融发展及"十四五"展望》报告指出，支撑我国绿色金融体系的"五大支柱"已基本形成，其中包括绿色金融标准体系、信息披露和金融监管、激励约束、绿色金融产品和市场以及绿色金融国际合作。为了传播绿色金融创新经验，推动各地绿色金融发展，本报告站在中心城市视角，参考"五大支柱"框架，从绿色金融政策、绿色金融标准、绿色金融市场、绿色金融产品、绿色金融合作五个维度介绍各中心城市可借鉴的绿色金融创新实践，希望能助力全社会范围内绿色金融从蓝图和理念到实践和行动的跨越。

一、政策方面

（一）上海：顶层设计保障绿色基础设施建设

以产业绿色贷款为支持，大力发力绿色新基建。2020年8月26日，上海市出台了指导性意见，提出要围绕新的网络、终端等进行系统性整体布局。要求以产业绿色贷款为牢固抓手，激励先进节能技术应用的推广，同步带动节能环保产业的发展。意见还指出，要利用经济杠杆，提供差异化金融支持，分档定制菜单化的金融产品，引导新建项目加大先进节能技术的应用。2000年以来，上海市累计先后滚动实施了七次环保行动计划，每次计划为期三年，累计共安排了1 000余个项目，资金投入逾5 000亿元。通过持续努力，上海市整体环境基础设施渐趋完善，污染防治能力得到了大幅提升，一些突出的环境问题得到根治，生态环境质量和城乡环境品质大幅度提升。

（二）成都：深化绿色发展理念，构建碳普惠生态圈

成都力争在全国率先建成“碳达峰、碳中和”示范城市，通过政策鼓励与商业激励相结合的方式，引导企业和个人自觉自发完成节能减排工作。成都市构建“碳惠天府”机制，旨在打造生活消费场景中低碳绿色的新模式，对于申请停驶燃油车、自愿使用新能源汽车、自愿使用公共交通出行的用户进行积分奖励，用户可用积分在“碳惠天府”小程序上兑换奖励。一方面对申报后满足低碳要求的企业授予线下标识激励企业，引导餐饮、酒店和商超等场景自发实行低碳管理；另一方面对在低碳场景下消费的用户进行积分奖励，培育公众的低碳节能意识。“碳惠天府”机制能起到为市民提供优质便捷的低碳服务、调动市民积极参与节能减排活动的责任感的作用，有助于培育市民绿色低碳环保意识、构建普惠低碳生态圈。

（三）深圳：监管营造良好绿色金融环境

深圳市在绿色金融法治建设领域持续发力，在全国范围内率先开展了绿色金融立法工作。2020年10月，深圳市正式对外发布《深圳经济特区绿色金融条例》，该条例充分明确了金融机构和绿色企业的主体责任，明确了政府部门和监管部门的监管措施，致力于完善金融机构绿色金融内部管理制度，对保险、银行和机构投资者都做出了相应的制度设计，开创了全国绿色金融立法的先河。条例还对金融机构在投资环节的社会责任做出了明

文规定，要求其在投资前后的评估管理等多环节中都要承担起保护环境发展的社会责任。此外，条例还明确了部分金融机构强制披露环境信息的具体内容、形式、时间和方式等相关细节。针对绿色产业现有金融体系存在的产品和服务供给不足、期限错配等矛盾，条例明确了政府服务和促进绿色金融发展的多项措施，构建了一套涵盖绿色金融发展的具体规划、财政税务部门补贴发放、政府部门引导基金让渡利润等一系列政策扶持体系。条例赋予了深圳市地方监管部门相关行政处罚权限，有助于打造深圳市绿色金融发展的良好法治环境。

二、标准方面

（一）湖州：健全绿色金融标准，规范区域绿色金融发展评价

自获批全国绿色金融改革试验区以来，湖州市持续在打造绿色金融标准化模式领域内发力攻坚，一系列创新成果提供了丰富的绿色金融改革创新经验。2018 年，中国人民银行湖州市中心支行率先构建了一套绿色信贷业绩评估体系，引导地方金融机构更好地开展绿色信贷业务。此外，湖州市还打造了绿色融资企业、绿色融资项目、绿色银行和绿色金融专营机构等多方面的标准，并于 2019 年 12 月 1 日正式发布了《区域绿色金融发展指数评价规范》，该标准对绿色金融发展指数评价体系和相关量化指标进行了统一，为有效衡量全国绿色金融发展程度打下了坚实的基础。

（二）赣江：以标准化建设探索绿色金融新路径

作为六省九地绿色金融改革创新实验区之一，赣江新区积极开展绿色金融改革创新。2019 年 1 月 18 日，赣江新区发布了《绿色金融标准体系》，该体系对绿色企业、绿色项目、企业环境信息披露的认定办法提出了指引，要求依据多种参数对企业和项目的表现进行综合评估。此外，赣江新区积极开展绿色票据试点工作，推出了全国首个绿色票据标准《江西省绿色票据认定和管理指引》，就绿色票据的业务操作和认定流程等做出了明确表

述。九江银行赣江新区分行还办理了江西省首笔绿色票据再贴现业务，以绿色票据为载体，开拓出一条再贴现资金向绿色金融实体精准投放的新路径。

（三）北京：建成平台指导行业标准建设

在“两区”建设框架下，北京市不断拓展绿色金融相关工作的覆盖面，牵头制定了绿色金融行业标准。北京绿色交易所迁址后，积极开展全国自愿减排交易中心建设工作，推出了涵盖三个重要方面的气候投融资服务平台，将绿色项目库、碳账户体系和金融机构环境信息披露的有关内容涵盖在内，围绕着绿色债券交易中心的建设进行积极研讨与对接。作为中央银行绿色金融标准工作组的成员之一，北京绿色交易所牵头起草了《环境权益融资工具》，该标准系我国首批绿色金融行业标准之一，填补了领域内行业标准的空白。

三、市场方面

（一）北京：健全市场支持绿色生产

2020 年，根据北京市绿色金融工作的相关部署，北京环境交易所正式更名为“北京绿色交易所”，负责承接与自愿减排和环境资源有关的交易。北京环境交易所于 2008 年成立，至今已在碳金融领域进行了多项市场创新，是全国范围内影响最广、成交均价最高的环境权益交易市场。北京绿色交易所在“碳中和”、温室气体排放等方面广泛实践，提供覆盖全流程的“碳中和”服务方案，并且已经数次出具了碳中和认证证书。作为北京绿色交易所认证的多个“碳中和”项目之一，金风科技亦庄智慧园区项目通过部署分散式风电、分布式光伏、超级电容等新型储能设备，全年实现了清洁能源电量占比过半。北京绿色交易所还是北京市老旧机动车淘汰更新服务的平台，负责向合乎要求的主体发放补助与奖励凭证。自 2011 年 8 月以来，北京绿色交易所累计淘汰老旧车辆 96 万多辆，年减排一氧化碳和颗粒物等达80余万吨。老旧车辆的淘汰同时带动了新车与二手车相关产业的就业增长，实现了上下游产业共振，增加了上千亿元的财税收入，兼顾了环境效益和社会与经济效益。北京绿色交易所还积极参与到“蚂蚁森林”项目中去，负责开发碳减排的计算模型，项目融合了几十种环保场景，涵盖了绿色出行、循环节能和减少纸塑用品等多个方面。

（二）成都：金融科技打通绿色金融综合服务

2011年9月，四川联合环境交易所在成都成立，随着业务的持续拓展，目前其已成为集碳排放权、用能权、排污权、水权交易为核心主业的环境资源交易平台。成都市以金融支持绿色发展为主线，借助四川联合环境交易所平台，利用人工智能、大数据、云计算等科技手段，持续推动绿色金融产品设计和落地，绿色金融综合服务能力大幅提高。以绿色金融专业服务为特色的绿色金融综合服务平台“绿蓉通”和在四川联合环境交易所上线的集绿色投融资服务于一体的“绿蓉融”绿色金融超市为首的一系列优质科技金融产品落地，促进了西部环境资源要素合理流动，优化了西部环境资源的有效配置，为全国其他城市深化绿色金融服务、打造绿色金融平台积累了充分的改革实践经验。

（三）福州：碳汇市场充分发掘绿色金融潜力

2016年底，福建碳排放权交易市场（全称：福建海峡股权交易中心）在福州正式启动，随着该交易中心业务的拓展，福建省碳排放配额、福建林业碳汇以及国家核证自愿减排量等标的的出现使得福州极大地提升了绿色信贷、绿色债券的使用效率。一方面促使绿色金融资源向福州优质企业和项目汇集，满足企业前期的资金需求；另一方面碳排放等绿色金融资源的充足供给也赋予了能源消耗企业较大的转型空间。未来随着碳汇交易的全国全面接轨，福州绿色金融中信贷、投资以及碳排放权交易还有更大的发展空间。

四、产品方面

（一）上海：积极探索绿色金融产品创新

2020 年 7 月，上海市创新发行了以“碳中和”为专题的绿色金融债券，本次“债券通”绿色债券是上海市与国家开发银行合作创新的又一重要成果。作为多市场同步发行的债券，本次发行获得了市场广泛的积极反响。以本期债券为主要标的，上海清算所构建了首只“碳中和”主题的债券指数，充分体现了开发性金融机构和基础设施协同发力所带来的增益效应。该指数汇集了市场各方力量，可以为境内外的投资者提供明确有效的投资指引。此外，上海市在全球碳市场定价方面的重要性不断增强，全国性的碳交易市场和交易中心纷纷落户上海，配合以上海市碳金融业务协同监管的丰富经验，将能构建起一套规则制度公开透明、规范管理有章可循的完整的碳交易体系。

（二）天津：加快绿色金融产品和服务方式创新

天津在加强绿色金融信息共享的基础上，不断推动绿色产品和服务方式创新。一方面，探索更加高效便捷的绿色信贷的抵（质）押担保方式，如银行系统和排放权交易系统“双质押登记”，为绿色资产高效成为合格抵（质）押物提供便利，促使能源管理未来收益权、碳排放权抵（质）押贷款等信贷业务快速发展。截至 2020 年底，天津市本外币绿色贷款余额突破 3 449.16 亿元，同比增长 7.9%①。另一方面，持续推进清洁生产、清洁能源、绿色制造、循环经济、绿色生态屏障建设、绿色建筑及绿色消费等领域的绿色金融产品创新，兴业银行等多家银行以流动贷款、项目贷款、债券投资、债券承销、票据贴现等“商业银行+投资银行”产品助力绿色金融

---

① 岳付玉. 天津市扎实推进绿色金融发展［EB/OL］. http://www.gov.cn/xinwen/2021-06/19/content_5619507.htm.

发展①。大力支持符合条件的金融机构发行绿色金融债券，引导具备资质的非金融企业发行绿色债务融资工具，2020年全年绿色债券发行76.43亿元，而2021年仅天津银行累计开展绿色债券承销及投资就达64.92亿元。

（三）衢州：金融产品创新支持传统产业绿色改造转型

作为著名化工制造基地，衢州市高度重视安全生产问题和环境污染治理问题。通过和专业第三方服务公司合作开展安全巡查的方式，衢州市在设立安全生产和环境污染综合责任保险的同时，将政府、企业和保险三者工作密切衔接，运用绿色保险提升了衢州市的安全环保保险风险控制能力。不仅如此，衢州市政府还与银保机构携手，推出了“生物活体抵押+产业链担保”贷款模式，引入了产业链上下游核心企业作为担保公司，能够切实有效地解决养殖户流动资金需求多而贷款发放进度慢的痛点。在推进畜禽养殖废弃物处理和资源化利用工作方面，衢州市积极创新，推出了以发电收益权为质押的新型绿色贷款，推动了生猪养殖业的绿色化升级，充分发挥了金融业对养殖业产业化发展的促进作用。衢州市柯城区政府与柯城农村商业银行携手推出了“橘融通”绿色贷款，助力当地柑橘企业转型升级。以行业融资担保公司筹集的资金作为贷款风险保证金，衢州市创设了融资新模式，解决了当地柑橘产业融资担保的难题。此外，衢州市还在全国率先推出了绿色节能贷款、绿色相伴贷款、“金屋顶”光伏贷和普惠快车贷款等多种助力“三农”、有益民营企业的新型绿色贷款。

五、合作方面

（一）广州：积极打造绿色金融合作平台

一方面，广州市积极打造粤港澳大湾区绿色金融合作平台，并以此作

① 中国人民银行天津分行. 中国人民银行天津分行关于进一步推动天津市绿色金融创新发展的指导意见（津银发〔2020〕183号）［EB/OL］. https://www.sohu.com/a/434120726_620823.

为重要支撑点推进大湾区绿色金融合作，引领金融资源支持区域内绿色产业发展，充分发挥了广州市碳排放权交易所这一平台优势。目前，碳排放权外汇交易、合格境外投资者参与大湾区碳排放权交易等试点工作正在有序推进当中。该平台还支持辖区内企业为绿色项目进行融资及认证，一系列举措成功加速了绿色企业融资建设速度，为绿色金融产品的发行与交易构建了可靠支撑。另一方面，广州市率先打造了一套与银行机构、企业、政府对接的平台，实现了绿色数字资源跨渠道整合，保证了信息的及时传递与实时共享。此外，广州市定期举办项目对接会，实现了绿色企业的融资需求与融资机构的金融产品线上线下无缝衔接，第三方绿色认证机构与企业实时动态高效互动，满足了多方沟通合作运营的智能化需求。依靠各项绿色金融创新合作平台，一系列全国首创的绿色金融成果不断在广州诞生。

（二）深圳：金融合作带来发展新动力

2020年9月4日，粤港澳大湾区绿色金融联盟正式成立，广州、深圳、香港和澳门四地将持续深化绿色金融领域合作，此举给粤、港、澳三地绿色金融业态发展带来了新的动力。从服务成员角度来看，发起联盟的四个协会共吸收了数百家金融机构和绿色企业参与其中。作为能够提供资源对接服务的有效平台，绿色金融联盟能够充分发挥四地的独特优势，其中深圳市作为科技创新的先行地，能够为平台成员提供跨境跨地域资产交易的技术力量。在国内方面，大湾区的建设通过协同合作可以推动资产证券化跨境交易和市场统一，有助于部分有正外部效应的项目获得多方合理支持，并将绿色金融项目产生的积极效应辐射到联盟范围内，构建绿色金融改革创新影响的新型传导机制。而在国际方面，深圳市与联合国环境规划署共同成立了“绿色金融服务实体经济实验室”，承办了国际标准化组织可持续金融技术委员会全体会议，持续发力境内境外绿色金融合作，不断深挖绿色金融领域的合作协同效应的传导新路径。

（三）杭州：持续完善绿色金融区域合作机制

随着杭州逐步融入长三角绿色生态一体化，绿色金融的区域合作机制也在逐步完善，通过建立绿色金融信息管理系统，实现长三角地区绿色金融数据的信息共享，不断加强各地区的信息交流，发挥金融科技的大数据分析优势，为绿色信贷、绿色债券、绿色证券资产化等绿色金融发展提供信息资源支撑，为绿色金融建设提供信息和数据优势。同时，通过区域合作不断拓宽绿色金融市场，推进杭州企业不断参与长三角地区的碳排放交易，将杭州纳入绿色金融资源流通的区域大环境，通过长三角地区绿色金融的良性竞争不断促进杭州实体企业绿色转型。

从绿色金融政策、绿色金融标准、绿色金融市场、绿色金融产品以及绿色金融合作五个维度来看，在过去五年的实践过程中，各个绿色金融实验区都因地制宜地开展了绿色金融创新改革，开辟出独特的绿色金融发展道路，逐渐形成自身的绿色金融发展特点，完善和丰富了中国绿色金融实践经验，为我国绿色金融顶层设计提供了实践基础。

第三节　政策建议

完整的绿色金融生态链包含标准体系、评估认证、数据统计、激励约束等环节，同时还要做好国际合作，充分发挥金融支持绿色低碳发展的资源配置、风险管理和定价等功能。

一、进一步完善统一明确、可操作和国际认可的绿色金融标准

明确的绿色金融标准是绿色金融的基础，是政策制定、信息披露、产品设计和风险识别的前提和基础，从而可以为金融精准支持经济绿色转型指明方向，有助于引导资金流向绿色经济并识别相关风险。

绿色金融标准应把握目标明确、标准可操作、具有一定前瞻性、具有

较好区分度的原则，从制度建设、产品服务、操作流程、风险防控等角度全面系统地对绿色金融予以规范。制定统一明确和细化的绿色金融标准，需要依托绿色产业目录等实体经济层面的标准和规范，建立绿色信贷、绿色债券、绿色基金等标准。随着市场规模的扩大，需要不断完善在绿色金融产品、绿色项目库、第三方评估认证、绿色信用评价、环境效益评估、绿色金融监管等方面的标准，减少市场无序竞争或“搭便车”等行为。金融监管部门有必要建立一套针对绿色金融业务的监管规则、行为指引和信息披露标准，保证标准前后一致、市场主体严格落实。

由于国内外的绿色金融标准存在差异，应加强国际合作，积极宣传推介国内做法，推动国内外标准融合。例如我国将重点放在能源领域，化石能源的清洁利用和改造已被纳入绿色金融支持范围。而欧洲将重点放在气候变化领域，因此其绿色金融标准主要集中于气候变化的减缓与适应。对于绿色项目认定等与发达经济体差异较大的标准体系，应先易后难、分步骤地有序改进，实现与国际标准的融合。在尚未形成统一标准的全新领域，应制定具有前瞻性的标准体系，增强我国在新标准制定中的话语权。

二、完善绿色金融激励约束保障机制

由于外部条件不足和风险不确定性等问题，各种绿色金融工具通常难以通过市场自发形成。金融机构是绿色金融产品的设计者，但由于环保类企业以中小型企业为主，存在资金规模不足、轻资产较多、技术不成熟、短期内盈利能力有限等问题，加上环保类项目的投资回收期长且收益率低，中小型企业的参与积极性不高，进而影响了金融机构的行为决策。因此，政府应构建奖惩分明的激励约束机制，通过相应的政策引导和制度安排实现绿色投资的商业可持续发展。政府可以通过公共财政资金，以贴息、税收优惠、信贷优惠、监管指标倾斜等多种方式，鼓励中小型企业参与到绿色金融活动中。在绿色债券方面，可以出台发展绿色债券的优惠措施，例如建立绿色债券发行担保和增信机制。在绿色基金方面，通过 PPP（公私伙伴关系）模式等引导社会资本进入绿色金融投资领域，将绿色发展基金作为重要的绿色投融资平台，对所投项目积极落实配套扶持政策。探索成立专业担保机构，建立绿色项目风险补偿基金。

三、持续推动绿色金融产品和服务创新发展

近年来，随着银行逐渐推出创新金融产品，我国的绿色金融产品呈现出日益多样化的发展趋势，但也存在诸多问题。目前绿色金融的产品以面向大型环保类企业和大型清洁能源、节能减排项目为主，政府参与或主导型的环保项目融资规模大，但中小型环保企业的融资规模较小，金融机构在绿色金融产品领域的参与度也还不够。因此，我国金融机构应进一步拓宽绿色金融的实施主体和业务部门，针对中小型企业、家庭和个人设计出针对性强、多元化的绿色金融产品，使绿色金融产品的辐射和覆盖范围更广泛。不同融资工具在面对同一绿色项目时具有不同的融资效益成本，应引导绿色项目采用最合适的融资模式，实现绿色金融需求端与供给端高质量衔接。兴业银行是国内较早进入绿色金融产品领域的银行，但四大银行以及一些地方银行仍未广泛参与。在初期碳配额现货交易基础上，进一步发挥金融在碳市场建设中的支持作用，有序发展碳配额抵（质）押融资、碳期货、碳远期、碳资产证券化等创新金融产品，不断丰富交易品种，完善服务模式，推动绿色低碳技术投资研发。

四、推动建立环境信息披露长效机制

绿色金融最大的金融风险是信息不对称引发的融资风险。信息披露制度不健全，金融机构获取真实信息存在一定障碍，导致部分绿色债券以及绿色信贷项目出现“漂绿”现象。保障支持项目全生命周期的绿色属性，是金融机构开展绿色金融业务的工作重点，这一过程可能增加金融机构的

合规风险、操作风险和业务成本。只有市场各方主体严格落实业务信息披露，金融机构才能更好地管理风险、拓展业务。因此，政府应对标“碳中和”目标要求，分步建立包含碳排放和碳足迹信息的强制性环境信息披露制度，引导推动责任投资理念；统一披露标准，完善信息管理系统，提升信息采集精度，推动金融机构和企业信息共享。鼓励上市公司和发债企业根据深圳证券交易所、上海证券交易所关于ESG信息披露的指引文件，自愿披露环境信息，分阶段推行上市公司和发债企业ESG信息强制披露制度。及时整理各级监管部门反馈的重大环境、安全生产违法违规企业名单和未完成年度节能目标的企业名单信息，并将其公布给相关金融机构，以便相关金融机构在贷款“三查”、贷款定价等方面采取差别化的风险管控措施。

五、健全第三方认证，建立执行评估和纠错机制

我国目前尚未建立强制性第三方认证体系，缺乏对第三方认证资质的统一管理。例如，我国的绿色债券只有4/5在发行前进行了认证，且第三方认证机构各自采用不同的认证标准，认证结果缺乏说服力，导致投资者无法放心投资。非绿色金融项目“染绿”“漂绿”，不同绿色评估认证机构认证方法、程序、标准各不相同，造成认证结果的差异。部分第三方认证机构建立了认证标准和评级方法，如联合赤道环境评价有限公司通过《企业主体绿色评级方法》对企业主体的绿色评级做出了详细的规范，中诚信国际信用评级有限公司则主要从项目资金是否稳定、项目资产现金流入与流出的方向是否一致以及减少风险的相关措施是否有效等方面进行评级。

为了防止政府在推行绿色金融中的低效和“灰色”行为，要在制度体系设置中，强化社会各界和独立第三方的监督机制，建立执行评估和纠错机制。发布绿色金融产品需接受第三方评估的强制性标准，对第三方评估机构的评估标准做出统一要求，选用公信力高、技术强、独立客观公正的评估认证机构，制定系统化的绿色评估标准和流程，规范绿色债券评估认

证工作的信息披露和持续跟踪评估机制，逐步形成公开的、完善的第三方评估认证体系。

六、积极发挥政策性银行的作用

由于绿色投资项目具有环境正外部性且难以内部化、绿色投资项目大多风险较高，以及绿色投资项目投资周期长、成本回收慢，与资金来源的期限不匹配等，传统金融机构参与其中需要克服很多困难，而政策性银行有偏重社会环境效益的功能定位，使得其在直接或间接发展绿色金融业务中具有普通金融机构所无法比拟的优势，从而成为推动绿色金融发展的重要渠道和工具。

以德国复兴信贷银行为例，其绿色经济投资规模在世界各国的政策性银行中首屈一指。2016 年，该行的总投资额约为 810 亿欧元，其中高达 44%流向气候与环境项目。该行下设多个子部门，在绿色金融领域最为活跃的三个部门分别是 KfW 中小企业银行、KfW 市政与私人银行以及 KfW 国际与出口银行。德国复兴信贷银行针对绿色项目的主要投资方式是提供长期贷款和低息贷款。2012 年，该行向家庭能效项目放贷的年利率仅为 1%。除直接放贷之外，该行有时还向地方商业银行提供低息贷款，由后者支持本地绿色投资项目。该行还为一些绿色项目提供担保，有助于项目以较低利率获得商业贷款，进而提高收益率。德国复兴信贷银行的绿色金融团队由高素质的金融专业人才与绿色技术专家构成，因此针对行业、企业与市场的尽职调查和针对具体项目的风险评估都非常专业。

我国政策性银行一直践行绿色发展理念，大力推进绿色金融工作。三大政策性银行分别基于自身定位和专业职能从多方位引领绿色金融发展，国家开发银行支持绿色基础设施建设，中国农业发展银行将绿色发展融入“三农”事业的战略目标中，中国进出口银行则积极推动我国绿色企业“走出去”。

七、完善绿色金融的专才集成机制

绿色金融人才是推动绿色金融发展的核心力量。绿色金融人才包括熟悉绿色金融政策制定的智库人才、精通绿色金融产品设计及运营的管理人才和对绿色金融项目风险进行控制的风险控制人才。当前绿色金融处于大规模发展阶段，绿色人才仍然紧缺，制约了行业的发展。

应积极推进政府、高校、企业、协会多方合作，成立绿色金融业务专业委员会，以此为平台大力推进绿色金融人才培养，为绿色金融的制度创新、产品研发和模式创新夯实基础。绿色金融政策架构中应引入并培育专门的绿色金融专业团队，承接中央统筹制定的绿色金融政策举措，并根据地方生态文明建设目标，帮助地方政府制定和提出有效率的绿色金融配套措施，实现中央垂直政策和带域内地方横向政策的精准交融。

八、深化区域和国际合作

绿色金融具有正的外部性，国内各地区之间如不搞好合作，则会导致政策协调难度加大，信贷资金配置不合理，地区间的金融发展错位，难以形成良好的金融生态环境。因此，粤港澳大湾区、长江经济带、京津冀等区域内应创新绿色金融跨区域合作模式，优化区域内绿色金融空间布局，完善跨区域绿色金融监管。

同时，全球在绿色经济方面投资严重不足。当前多个国家和地区如欧盟、英国、挪威、巴西等的政府开始关注并发展绿色金融。中国在绿色金融领域具有较好的发展基础，积极开展中介服务体系、基础设施建设、绿色资产证券化、绿色债券市场以及绿色金融理论等领域的国际合作，既能促进中国的绿色金融发展，又能提升中国在绿色金融发展领域的国际影响力和话语权，因此要持续深化绿色金融区域和国际合作，共同推动信息披露、绿色标准等重点事项，大力引进国际上先进的低碳技术。

参考文献

[1] 柴晶霞. 绿色金融影响宏观经济增长的机制与路径分析 [J]. 生态经济, 2018, 34 (9): 56-60.

[2] 陈骁, 张明. 中国的绿色债券市场: 特征事实、内生动力与现存挑战 [J]. 国际经济评论, 2022 (1): 104-133, 7.

[3] 丁杰. 绿色信贷政策、信贷资源配置与企业策略性反应 [J]. 经济评论, 2019 (4): 62-75.

[4] 何凌云, 梁宵, 杨晓蕾, 等. 绿色信贷能促进环保企业技术创新吗 [J]. 金融经济学研究, 2019, 34 (5): 109-121.

[5] 胡宗义, 李毅. 金融发展对环境污染的双重效应与门槛特征 [J]. 中国软科学, 2019 (7): 68-80.

[6] 罗知, 齐博成. 环境规制的产业转移升级效应与银行协同发展效应: 来自长江流域水污染治理的证据 [J]. 经济研究, 2021, 56 (2): 174-189.

[7] 马晓明, 张灿, 熊思琴, 等. 中国区域工业环境效率及其影响因素: 基于 Super-SBM 的实证分析 [J]. 生态经济, 2018, 34 (11): 96-102.

[8] 麦均洪, 徐枫. 基于联合分析的我国绿色金融影响因素研究 [J]. 宏观经济研究, 2015 (5): 23-37.

[9] 牛海鹏, 张夏羿, 张平淡. 我国绿色金融政策的制度变迁与效果评价: 以绿色信贷的实证研究为例 [J]. 管理评论, 2020, 32 (8): 3-12.

[10] 王遥, 潘冬阳, 张笑. 绿色金融对中国经济发展的贡献研究 [J]. 经济社会体制比较, 2016 (6): 33-42.

[11] 王丽萍, 徐佳慧, 李创. 绿色金融政策促进企业创新的作用机制与阶段演进 [J]. 软科学, 2021, 35 (12): 81-87.

[12] 魏丽莉, 杨颖. 中国绿色金融政策的演进逻辑与环境效应研究 [J]. 西北师大学报 (社会科学版), 2020, 57 (4): 101-111.

[13] 信瑶瑶，唐珏岚. 碳中和目标下的我国绿色金融：政策、实践与挑战 [J]. 当代经济管理，2021，43（10）：91-97.

[14] 徐胜，赵欣欣，姚双. 绿色信贷对产业结构升级的影响效应分析 [J]. 上海财经大学学报，2018，20（2）：59-72.

[15] 朱向东，朱晟君，黄永源，等. 绿色金融如何影响中国城市环境污染?：以雾霾污染为例 [J]. 热带地理，2021，41（1）：55-66.

[16] CHENG Z, LIU J, LI L, et al. The effect of environmental regulation on capacity utilization in China's manufacturing industry [J]. Environmental Science and Pollution Research, 2020, 27 (13): 14807-14817.

[17] YI- CHUN CHEN, HUNG MINGYI, et al. The Effect of Mandatory CSR Disclosure on Firm Profitability and Social Externalities: Evidence from China [J]. Journal of Accounting and Economics, 2018 (1): 169-190.

[18] ZHANG BUFAN, WANG YIFENG. The Effect of Green Finance on Energy Sustainable Development: A Case Study in China [EB/OL]. (2019-11-29) [2019-11-30]. https://doi.org/10.1080/1540496X.2019.1695595.

附录一

全球绿色金融产品创新

随着绿色金融的快速发展，全球范围内绿色金融产品不断创新和迭代，本部分将从绿色信贷、绿色资产证券化、绿色基金、绿色保险、绿色科技孵化器、绿色金融担保、碳交易等几个方面对绿色金融产品创新进行介绍。

一、绿色信贷等商业银行相关绿色金融产品

（一）绿色住房抵押贷款

针对购买新型节能环保房屋以及改造绿色节能环保电力等设备的客户，绿色住房抵押贷款为客户提供远低于市场水平的贷款利率，从而减少的贷款可以覆盖将传统房屋改造为绿色电力等设备房屋所需要的成本。例如荷兰银行推出由政府主导的绿色住房抵押贷款计划，为符合环保标准的贷款减息1%；美国房利美推出具有多款灵活方案的绿色住房抵押贷款，帮助贷款人购买节能型住房。创新的绿色住房抵押贷款方案与碳减抵挂钩，从而更好地实现应对气候变化的目标，如英国合作金融服务集团每年的贷款提供家居节能评估和碳排放量补偿。未来银行可根据用户实施的住宅节能措施，设计与碳排放挂钩的抵押贷款方案。在国内，2018年，马鞍山市农村商业银行推出了绿色建筑按揭贷产品，可按照绿色建筑认证等级的不同，给予绿色住房按揭贷款客户一定幅度的利率优惠，其不仅为客户提供了信贷渠道，为银行传统零售融资业务发展带来了新的空间，其更深远的意义在于，通过绿色信贷产品能够吸引更多客户关注和参与中国绿色产业发展，以实际行动支持生态文明建设。2021年6月，恒生银行（中国）有限公司与位于长三角及粤港澳大湾区的部分绿色住宅项目达成协议，成为首家提供绿色按揭服务的外资银行。恒生银行（中国）有限公司通过绿色按揭为协议内购买符合标准的绿色住宅的客户提供差异化本外币贷款利率优惠。

（二）绿色商业建筑贷款

美国及加拿大银行业在北美地区推出了针对绿色商业建筑的贷款方案。绿色商业建筑通常比传统建筑的能耗要低15%~25%，同时废弃物及污染相

对更少，性能改善且使用寿命延长。例如加拿大多伦多大气基金与最大公寓开发商 Tridel 合作，把原本用于常规设备以及材料成本的资金用于偿还贷款（要求商业建筑节能效率需高于常规设计 25%以上）；美国富国银行为 LEED 认证商业建筑提供绿色贷款，开发商不需要支付绿色商业建筑的初期保险费；美国新能源银行为商业建筑中的领先项目提供贷款优惠。澳大利亚联邦银行于 2021 年 9 月 2 日宣布推出一项新的“绿色贷款”，允许房地产业主将其商业地产贷款期延长至多 20%，并且不收取任何手续费，以此鼓励房东进行可持续性发展升级，最终达到减少碳排放的目的。欲申请该专项贷款的业主需要先通过澳大利亚国家建筑环境评级体系（NABERS）并取得改善星级，或将建筑的碳排放总量减少 30%。NABERS 董事佛洛雷斯表示，此专项贷款联合 NABERS 星级评定将有助于澳大利亚在绿色建筑改造及碳排放降低方面大踏步推进。

与此相对应，国内地方政府也在绿色建筑贷款中做出了各种尝试：2015 年，河南省住建厅和财政厅联合发出《关于加快推动我省住房建设绿色发展的实施意见》，推行住房全装修，用公积金贷款购买绿色二星级以上住房，贷款额度可上浮 20%。此外，开发企业建设绿色建筑除可获得中国住建部和财政部给予的国家补贴外，还将给予河南省级财政补贴，绿色建筑奖励政策执行期限暂定 3 年。同年，江苏和浙江分别发布了绿色建筑条例，规定用住房公积金贷款，购买两星级以上绿色住房，贷款额度可以上浮 20%。2020 年，浙江省湖州市结合全国唯一的绿色建筑和绿色金融协同发展试点城市契机，围绕绿色建筑项目、绿色建材企业的金融需求，持续开发迭代绿色金融产品，先后推出“绿地贷”“绿色购建贷”“绿色建筑企业按揭贷”等 20 余款产品，其中推出的全国首个“农房绿色建筑贷”，专项支持新建或改建的绿色农房建设，根据其建筑星级，贷款期限最长可达 15 年、额度最高可达建房总额 70%、利率最高可下调 40 个基点，有效地解决了农村住房贷款担保难、期限短等问题，已累计为 263 户农房绿色改造提供了7 815万元资金支持。

（三）绿色汽车及运输贷款

绿色汽车贷款通常通过提供低于市场水平的利率鼓励用户使用温室气体排放量低以及节油等级高的汽车。例如澳大利亚MECU银行考虑与汽车类型相关的温室气体排放评级挂钩的绿色汽车贷款，从而提供较低的利率；加拿大也为新能源混合动力型汽车提供低贷款利率；美国则为运输公司推广高效节能技术提供绿色贷款，从而帮助运输公司节省大量燃油以及资金。在国内，平安普惠“车e贷”为响应绿色金融号召，将新能源汽车品牌特斯拉纳入产品方案当中，以支持更多拥有新能源车的小微企业主资金需求，通过该方案用户可将最高额度100万元经营性贷款用于小微企业生产经营。平安银行为新能源车企和消费者提供金融支持、科技赋能、流量导入、保险等一站式闭环服务，构筑了综合金融绿色车生态。

（四）绿色信用卡

当用户在使用绿色信用卡购买环保产品和服务时，可以享受相对较低的借款利率以及优惠。银行信用卡也可以与碳排放减抵计划挂钩，通过对生产和使用产品及服务产生的温室气体排放减抵。美国花旗银行、英国巴克莱银行和荷兰合作银行等银行均推出了类似产品。在国内，低碳信用卡等零售业务领域的创新，极大地拓宽了绿色理念的影响范围，银行运用绿色信用卡方式强化持卡人因绿色消费而获得的用卡红利，促进个人客户群体从消费终端为我国绿色金融的发展提供拉动力，引导社会资金配置到绿色经济中，有效提升个人的绿色社会责任意识，同时也是银行履行社会责任的表现，在一定程度上为银行开创了“蓝海”。目前，兴业银行、光大银行、中国建设银行、中国农业银行等银行已推出了绿色信用卡。

（五）绿色租赁

绿色租赁是支持环境改善、应对气候变化和资源节约高效利用的经济活动中的一种，其有多种形式。国外银行推出了绿色环保技术租赁，以较为优惠的价格为其商业客户提供绿色环保技术租赁服务。例如荷兰政府鼓励商业银行向需要环保设备的国内企业提供优惠租赁服务，与此类租赁相关的成本可以从其应付税利润中扣除，同时银行可以协助制定环境投资以及节能投资补助计划。在国内，农银租赁在行业内首次提出“绿色租赁”理念，通过加大清洁能源业务布局、支持绿色交通发展、支持绿色民生工程、发行绿色债券等多种途径助力实体经济实现绿色转型发展。2020 年 12 月底，农银租赁当年新增绿色租赁投放金额占比达到 84%，余额占比达到 59%，绿色租赁品牌特色更加凸显。

二、绿色资产证券化

绿色资产证券化指使用与环保基础设施及项目相关的资产支持证券为其融资。例如巴拿马推出为巴拿马运河流域森林重建的“森林债券”，运河使用者购买“森林债券”可以支付较低的损失险保费；还有由提供给符合专门的环保及能源使用建筑物抵押贷款相关的绿色抵押贷款支持证券。通常情况下，这些绿色抵押贷款支持证券可以获得更高评级，相对价值更高，更加方便使得绿色项目投资者获得资金。国际金融公司推出生态证券化项目，将“自然基础设施的可持续管理与融资能力”和资产证券化挂钩，将可持续自然资产作为证券，包括生物多样性、水资源等。

在国内，绿色资产证券化事业蓬勃发展。举例来说，由民生银行主导的汇富华泰资产管理公司中再资源废弃电器电子产品处理基金收益权资产支持专项计划，是全国首单中央国有企业绿色循环经济资产证券化项目。其底层资产为废弃电器电子产品处理基金收益权。以兴业银行主导的巴彦淖尔市临河区绿化景观升级改造 PPP 项目后端 PPP-ABN 为例。该项目以 PPP 项目收益为基础资产，包括政府付费资金为项目基础资产，注册发行不超过 4.5 亿元的十年期资产支持票据。从市场总体来看，2020 年，共计 81 家金融机构参与全市场绿色债券（首单绿色类 REITs 除外）承销，包括

23 家银行及 58 家证券公司。2020 年，23 家银行累计承销 637.55 亿元，58 家证券公司累计承销绿色债券及绿色资产支持证券 1 645.92 亿元，证券行业的整体承销规模和数量高于银行业。2021 年，绿色资产支持证券发行继续加速，推出了“碳中和”概念绿色资产支持证券。碳中和债券是绿色债券的子品种，是指在现行绿色债券政策框架下，将募集资金专项用于具有碳减排效益的绿色项目。与一般绿色债券相比，“碳中和债”的准入目录更为聚焦，专项用于清洁能源、清洁交通、绿色建筑、碳汇林业等具有碳减排效益的绿色项目，并由专业第三方机构对碳减排等环境效益进行量化评估测算，发行后存续期内持续披露项目进展情况及碳减排效益实现情况等。“碳中和债”的发行将推动信贷、租赁、信托等领域产生更多支持碳减排项目的创新产品，充分发挥绿色金融工具对于低碳发展的支持作用，助力经济低碳转型和“碳达峰、碳中和”目标实现。

三、绿色基金

绿色基金指针对节能减排、低碳清洁、环境保护等绿色项目而建立的投资机构，包括绿色产业基金、绿色股权基金以及绿色创新投资基金。美国于 1996 年成立社会投资论坛作为生态投资交流平台，推动绿色基金加速发展。美国投资银行也成立了相关绿色投资部门支持绿色经济发展，例如花旗创投为花旗银行另类投资部门中的一个私募股权投资部门，重点投资全球新能源市场、水资源管理、清洁及废物处理技术和碳市场。欧洲绿色金融模式主要由政府力量支持推动社会资本进入。英国绿色投资银行主要解决绿色基础设施融资中的市场缺失问题，从而推动更多社会资本或私人资本投资市场失灵的绿色项目，加快绿色经济转型。欧盟同样成立了全球能效和可再生能源基金，采用 PPP 组织形式，公共部门出资推动社会或私人资本投向绿色项目，有效发挥政府力量的投资杠杆效应。碳基金是绿色基金中一大重要品种，碳基金用于资助温室气体减排项目，投资者利用碳基金从温室气体减排项目中购买二氧化碳排放权或投资新的温室气体减排或可再生能源项目。碳基金主要有四种形式：政府设立并管理的碳基金(例如芬兰、奥地利的碳基金)、国际组织与政府合作设立且由国际组织管理的碳基金（例如世界银行原型碳基金，日常工作由世界银行管理）、政府设立的采用企业形式运作的碳基金（例如英国、日本的碳基金）和政府与企业合作建立并实施商业化管理的碳基金（例如德国复兴信贷银行碳基金由德国政府与德国复兴信贷银行共同设立并由银行进行管理）。在国内，兴业证券作为绿色投资理念倡导者与践行者，创设了国内首只社会责任基金、首只绿色投资主题基金与证券行业内首个 ESG 指数。其子公司兴证全球基金率先引入责任投资、绿色投资理念，于 2008 年成立了国内首只系统运用社会责任投资理念的产品——兴全社会责任基金，并于 2011 年创设了国内首只绿色投资主题基金——兴全绿色投资基金。2020 年，公司创设证券行业首个 ESG 指数“中证兴业证券 ESG 盈利 100 指数”，实现绿色投资产品研发与 ESG 投资应用的有效联动，对在业内倡导绿色投资理念、增强绿色投资动力、推动绿色投资实践等都具有非常现实和积极的意义。2020 年，我国第一只专注于绿色发展的国家级母基金——国家绿色发展基金成立，首期规模 885 亿元，由中央财政和长江经济带沿线的 11 个省市地方财政共同出资，同时也吸引社会资本参与，成立“国家绿色发展基金股份有限公司”，以公司制形式参与市场化运作。该绿色基金在首期存续期间，主要投向长江经济带沿线上海、江苏、浙江、安徽、江西、湖北、湖南、重庆、四川、贵州、云南等十一省市，同时适当安排其他区域的项目，探索可复制可推广经验。

四、绿色保险

（一）绿色建筑保险

绿色建筑保险作为绿色保险的一个细分险种，可以为绿色建筑行业相关建筑物、产品、装备、工作人员的职业责任等提供风险保障，是支持绿色建筑发展不可或缺的市场化手段。在绿色建筑保险的市场化运作过程中，政府、项目开发商、银行、保险公司和购房者是主要参与主体。具体来讲，开发商在建造前购买一份绿色建筑保险以确保建成后的绿色和节能性能，银行据此保险单给开发商进行绿色授信，建造完成后进行性能评定，如果没有实现最初的绿色或节能性能承诺，保险公司将依据合同进行赔付。

美国加利福尼亚州推出 Green-Gard 绿色建筑保险，为客户的节能型住宅以及建筑绿色技术改造提供保险，同时提供房产更新绿色方案改造服务。当达到相关绿色标准时，若发生房产损失，相关损失将会由保险公司承担。英国环境运输协会设计碳中和房屋保险产品，用于温室气体排放减抵。

在国内，2021 年 9 月 3 日，中国建筑标准设计研究院有限公司（以下简称“标准院”）承接了北京市朝阳区豆各庄乡孙家坡村 1306-638 号地块 F1 住宅混合公建用地项目绿色建筑保险的风险管理服务，标志着北京第一单住宅领域绿色建筑性能责任保险落地，标准院也成为北京第一单住宅领域绿色建筑保险的风险管理服务商。这也是北京首单住宅绿色建筑性能责任保险。同月，湖州市政府推出了绿色建筑性能保险“保险+服务”项目，运用商业保险机制，积极发挥财政补贴、保费杠杆等市场经济作用，为星级绿色建筑项目提供事前信用增进、事中风险控制服务、事后损失补偿的全方位保障，保障绿色建筑从绿色设计真正走向绿色运行。

（二）碳保险

碳保险为低碳项目评估及开发活动中存在的风险担保。例如瑞士再保险公司推出的碳保险产品可以管理碳信用价格波动，并和澳大利亚保险公司合作，以碳减排购买协议为基础开发相关保险产品。美国国际集团与达信保险经纪公司合作推出碳排放信贷担保以及与新能源相关的保险产品，促进私营公司参与碳排放交易与减抵。国内多地积极加快发展“绿色保险”试点，其中就包括碳保险。2016 年，湖北碳排放权交易中心、平安保险湖北分公司和华新水泥集团签署了“碳保险开发合作协议”和“中国首单碳保险服务协议”，是中国首单“碳保险”。“碳保险”是企业风险管理及碳资产管理的一种重要手段，旨在帮助购买减排设备的企业达到预期减排目标。2021 年，多地加快“绿色保险”试点，提出积极发展碳保险：江西银保监局发布了《江西保险业加快发展绿色保险的指导意见》；兰州新区管委会办公室也印发了《兰州新区化工园区开展安全生产责任绿色保险试点工作的实施方案（试行）》，广西南宁、广东深圳等地均在积极开展绿色保险试点。碳保险作为绿色金融体系的重要组成部分，在完善环境风险管理体系、助推绿色金融体系建设、助力实现“碳达峰”“碳中和”远景目标等方面具有重要作用，也将是保险行业未来的一片蓝海。

五、绿色科技孵化器

绿色科技孵化器是专门为绿色科技公司提供聚合服务以及相关资源的安排，从而提升初创绿色企业竞争力。其中欧洲在绿色科技孵化器建设中具有丰富经验，例如欧盟推出 Climate-KIC 平台以推动应对气候变化科技创新，相关机构可以通过加入平台来共享研究成果并使其商业化。德国、法国以及英国也均设立了本国绿色科技孵化器——奥斯纳布吕克绿色科技孵化器、索菲亚科学院以及英国碳信托加速器。

重庆立洋绿色科技企业孵化器有限公司（以下简称“立洋绿色创新工场”）前身为重庆立洋绿色制造孵化园，2010 年 11 月成立于渝北财富中心，现位于重庆市渝北区空港工业园翔宇路 15 号。立洋绿色创新工场拥有孵化面积 11 000 平方米，建设有绿色制造众创空间、绿色制造孵化器、绿色制造加速器三个专业孵化载体。立洋绿色创新工场是重庆市首家民营孵化器，在 2015 年被认定为科技企业孵化器、重庆市市级众创空间、重庆市小企业创业基地，在 2013 年被认定为重庆市微型企业孵化园。

立洋绿色创新工场依托绿色制造服务生态平台，孵化培育绿色环保产业链中的小微企业和团队，构建创客空间+孵化器+加速器的全链条孵化体系，打造以绿色环保产业链为核心的科技创新服务平台。此类科技创新服务平台能形成主体多元化、模式多样化、服务专业化的态势，为创业者、创业企业提供低成本、便利化、全要素、开放式的综合创业服务，助力创新建设具有影响力的科技创新中心，从而推动绿色科技企业的发展。

除重庆外，全国各地的绿色科技孵化器发展也十分迅速。如在原西宁市城西区大学生孵化服务中心基础上升级转型而成的西宁市城西区绿色产业孵化服务中心，累计孵化小微企业140户，注册资本3.3亿元，实现收入9 800余万元，实现利润900余万元，创业带动就业1 320人，成功毕业80户。该中心最大限度地降低准入门槛、优化服务措施，将市、区两级500万元孵化资金作为扶持西区小微企业创新创业、推动企业发展、提高创业实践能力和创业成功率的保障，采用政府资金免息方式为企业提供短期资金周转服务，有效缓解了初创企业资金短缺问题，助力企业发展。2020年，该中心发放2019年度补贴128万元，其中开办补贴3.8万元，岗位补贴20.27万元，社保补贴79.66万元，房屋补贴23.97万元。截至2021年底，该中心企业获得知识产权39项，取得专利8项，认定省级科技型企业3户，被科技部门评定为青海省科技企业孵化器。

六、绿色金融担保

绿色金融担保通常通过减少信息不对称、信用增级和保障绿色债券等手段降低金融机构对绿色技术项目的风险厌恶程度，从而降低其融资成本并提升贷款可获得性。例如美国能源部贷款项目办公室负责执行新能源贷款担保计划，并推出“金融机构合作计划”加强与私营贷款机构合作。中美洲地区则有中美洲经济合作银行负责具体实施新能源贷款担保项目，并成立专业的项目协调部门对担保申请进行评估与审查。“欧洲2020项目债券计划”为能源、交通和信息基础设施建设融资，并由欧盟和欧洲投资银行通过担保方式提升信用级别。

我国较早就开始探索绿色金融担保的道路。贵安新区富士康（贵州）第四代绿色产业园二期厂房项目建设用地面积约 129 091.18 平方米，总建筑面积 136 525.94 平方米。该厂房建设结合地形及景观条件，利用对风能、日照及太阳辐射角度的模拟，对建筑布置角度进行了合理化设计，降低了建筑能耗。该绿色建筑建设因投资规模大而面临着融资难问题。对此，贵安新区农业银行采取抵押担保置换前期保证担保方式，对贵州贵安电子信息产业投资有限公司（以下简称“贵安电投”）给予贷款支持，解决了该绿色建筑项目的融资难问题。2017 年 9 月，贵安新区农业银行积极开展对接贵安新区富士康（贵州）第四代绿色产业园二期厂房项目，组建了绿色金融营销团队，成功向贵安电投发放绿色产业园项目贷款，支持绿色产业园的绿色建筑项目建设，累计投放金额 3 亿元。

贵安新区农业银行为该项目优化信贷流程，开通了绿色通道，实行前后台平行作业，一个月内就完成了项目评估、审批和落地投放。由于贵安新区属于全国首批入围的 16 个海绵城市建设试点之一，因海绵城市建设规划等问题，该项目在建工程暂不能办理抵押登记手续。针对此情况，经贵安电投与贵安新区农业银行沟通，该笔贷款由贵安综合保税区有限公司为贵安电投提供保证担保，待项目具备办理抵押登记时，再办理相关抵押登记手续，置换前期保证担保，贵安电投就此向贵安新区农业银行出具承诺函。针对绿色项目，贵安新区农业银行在成本上也实行了优惠政策，该项目贷款执行利率低于借款人贵安电投在其他金融机构的融资成本。

绿色建筑项目具有一次性投入资金巨大、融资风险高、期限错配等融资困难。针对这一难题，该项目创新了担保方式，优化了传统固定资产贷款必须落实抵押担保的程序，前期采用保证担保的方式落实第二还款来源，待项目具备办理抵押登记时，再办理相关抵押登记手续、置换前期保证担保，有效解决了担保机制和合格抵押品问题。这种灵活创新的抵押担保机制，对于降低绿色建筑项目的融资风险，解决期限错配问题，具有复制推广价值。

七、碳交易

碳交易指温室气体排放权交易，一般分为以英国为代表的基线和信用额度模式以及以欧盟为代表的总量管制和交易模式。在基线和信用额度模式下，低标准排放公司获得信用额度，而超标准排放公司提交信用额度。在总量管制和交易模式下，企业允许的碳排放配额将得到调控，得到配额的企业可以选择减少排放从而出售多余配额或购买额外配额从而增加排放。通常情况下，总量管制和交易模式有利于形成稀缺性碳排放权价格机制，从而运用总量交易机制解决气候问题。

目前，我国正逐步构建完善的碳汇交易体系。2011 年，国家发展和改革委员会印发《关于开展碳排放权交易试点工作的通知》，批准广东等七省市开展碳交易试点工作；2017 年，中国启动全国统一碳交易市场试运行，首批超过 7 000 家企业被纳入控排企业名单，配额总量高达 50 亿吨；2021 年 2 月 1 日，《碳排放权交易管理办法（试行）》正式实施，碳汇交易制将从试点走向全国；2021 年 7 月 16 日，发电行业全国碳排放权交易市场启动，首批 2 225 家企业被纳入发电行业重点排放单位名单，规模达 40 亿吨，成为全球覆盖温室气体排放量规模最大的碳市场，首日成交量 410.40 万吨，成交额 21 023.01 万元，成交均价 51.23 元/吨。开盘价 48.00 元/吨，最高价 52.80 元/吨，最低价 48.00 元/吨。随着碳交易所的正式成立，企业配额逐年收紧，我国碳交易市场顺利运行，将助力企业向能源低碳转型。

附录二

2021年天府金融指数编制方法和指标体系

一、编制方法

天府金融指数遵循以现有金融理论为指导，充分考虑指标全面性和数据可获得性，兼顾传统与新兴金融业态，动态追踪和评价金融体系的发展四个编制原则。编制过程主要包括指标体系的确定、数据的收集处理以及权重的确定、指数计算。详见附图 2-1。

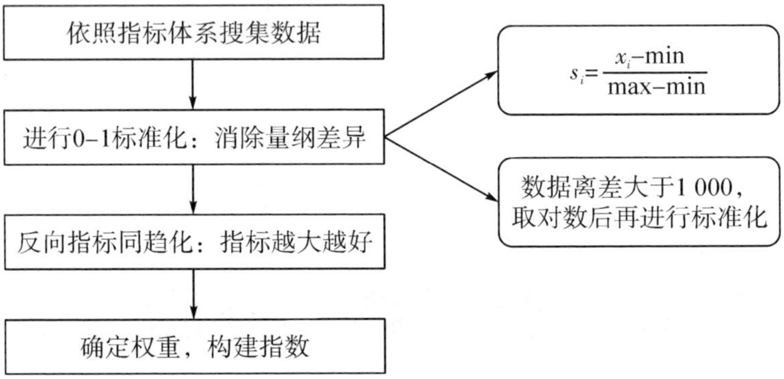

附图 2-1　指数构建过程流程

（一）数据搜集

考虑到数据的可获得性，t 年的天府金融指数主要使用 t-1 年的公开数据。统计年鉴的数据一般有 2 年时滞，所以来源于统计年鉴的数据使用 t-2 年的数据。如果编制 t 年指数时，部分 t-1 年的数据仍未公开，则仍使用 t-2 年的数据。

（二）数据标准化

由于各指标变量的量纲不同，需要采用 min-max 方法对原始数据进行标准化处理，消去量纲，使得标准化后的指标变量都位于［0，1］区间内，方便后续指数的计算。具体的标准化的公式如下：

$$s_i=\frac{\text{指标}-\text{该指标最小值}}{\text{该指标最大值}-\text{该指标最小值}}=\frac{x_i-\min}{\max-\min}$$

上式中 x_i 代表待标准化的变量数据，s_i 为标准化后的变量，min 代表该指标变量的最小值，max 代表该指标变量的最大值。

当指标数据存在极端值，离差较大时，简单的标准化方法可能会使得标准化后的数据分布在较窄的范围内，使得指标反映的信息模糊化，并且无形中增大了异常值的权重，不利于城市之间的客观比较。因此，针对离差较大（即最大值减去最小值大于 1 000）的变量，我们采用先取自然对数值再标准化的方法进行特殊处理。

（三）数据同趋化

天府金融指数定义为正项指标，指数数值越大，代表金融竞争力越强。因此对于反向影响金融竞争力的变量，需要进行反向变化，公式如下，其中 $\tilde{s}_i$ 为同趋化后的指标。通过同趋化处理后，同趋的标准化指标同样位于［0，1］区间内，且越接近于 1，金融竞争力越强；越接近 0，金融竞争力越弱。

$$\tilde{s}_i = \begin{cases} s_i & \text{当 } i \text{ 为正向指标；} \\ 1 - s_i & \text{当 } i \text{ 为反向指标} \end{cases}$$

在对指标变量进行标准化和同趋化之后，就可以用同趋的标准化指标计算天府金融子指数，其计算公式如下：

$$F_j = \sum_i w_{ji} \times \tilde{s}_{ji}$$

（四）指标赋权方法

确定各指标的权重是指数构建的重点。已有金融中心指数以及金融形势指数权重的确定方法有专家打分赋权法、层次分析法、主成分分析法、熵值法、支持向量机、VAR 脉冲效应法和 SVAR 脉冲效应法等。综合考虑，在天府金融指数的构建过程中，我们采用主成分分析法：主成分分析法的优点是既能够将大量指标变量构成的指数体系综合成几个简单的变量，又能够代表内部主要的推动信息。主成分分析法的应用从理论上使得指数指标体系的范围可以变成无穷大，能够将所有的相关变量全部纳入，归纳出主要信息。虽然主成分分析法主要依赖变量间的数值规律且缺乏经济学规律，但是迫于数据的有限性并兼顾指标结果的客观性，我们仍选用这种方法计算天府金融指数。

此外，本报告新增传统金融分指数和新兴金融分指数两个分指数，构建方法同上。

二、指标变动详细情况（附表 2-1）

附表 2-1　2021 年天府金融指数指标体系变动详细情况

子指数	操作	指标	备注
从业环境	删去	门诊人均医药费用	指标过多
		医师日均负担诊疗人数	
		市场化指数	自 2016 年起未更新
		GDP	保留人均GDP，确保城市可比性
人力资源	删去	全国百强高中	没有官方数据来源
	修改	大专以上人口占总人口比重修改为大专及以上人口抽样调查数	数据更准确
		城市公共图书馆个数改为城市博物馆个数	原指标下深圳数据异常
		专利授权数改为专利授权数：发明	更具体
科技金融	删去	高新技术产业投资额	自 2017 年起未更新
		军民融合上市公司个数	官方停止更新
		军民融合上市公司借款总额占总负债比重	
		军民融合产业基地个数	
	新增	科创板上市公司个数	
		科创板上市公司总市值占GDP比重	
	修改	研究与试验发展（R&D）人员改为研究与试验发展（R&D）人员/常住人口	

附表2-1(续)

子指数	操作	指标	备注
绿色金融	删去	人均用水量	自 2017 年起未更新
		城市道路交通噪声监测情况-路段超标率	
		环境保护系统年末机构总数	
		本级环保能力建设资金使用总额	
		生活垃圾无害化处理率	
		环境污染治理投资占 GDP 比重	
	新增	空气质量达到及好于二级的天数	
		单位 GDP 能源消耗	
		单位 GDP 二氧化碳排放量	
		A 股上市公司华证 ESG 评价平均得分	
		将“碳排放配额累计成交额”省级数据换算为市级数据，新增武汉、厦门、福州、广州的数据	
	修改	删去碳排放配额累计成交额	
		新增 CCER 累计成交量	
文化金融	删去	出版物发行网点数	自 2017 年起未更新
		文化产业本年完成投资额	
	新增	文化市场经营机构营业利润	
		文化市场经营机构资产总计	
	修改	公共财政文化体育与传媒支出改为公共财政支出：文化旅游体育与传媒	从省级数据改为市级数据
农村金融	修改	将“农用机械总动力”和“农村居民个人固定资产投资完成额”省级数据换算为市级数据	

三、2021 年指标体系

（一）金融市场子指数

金融市场的发展是金融中心的关键所在，直接关系到其现在的地位和将来的发展潜力，也是所有金融中心指数评价过程中不可或缺的一环。在细分的子市场中，主要包括信贷市场、货币市场、债券市场、股票市场和保险市场。除此之外，天府金融指数重点考察各类型资本市场的直接融资功能，加入了当地区域股权交易中心的挂牌公司数量、当地进行并购交易的企业数量和当地企业获得 PEVC 股权投资的公司数，这使得金融市场子指标具有非常强的代表性。详见附表 2-2。

附表 2-2　金融市场子指数指标体系

金融市场子指数		数据来源
信贷市场	存贷款总额	国家统计局
	存贷款总额占 GDP 比重	国家统计局
	小贷公司贷款余额	中国人民银行、中国金融学会
债券市场	信用债存量	Wind 资讯金融终端
	信用债发行	Wind 资讯金融终端
股票市场	A 股上市公司家数	Wind 资讯金融终端
	上市公司新股发行募资总额	Wind 资讯金融终端
	上市公司市值占 GDP 比重	Wind 咨询金融终端、国家统计局
	上证+深证证券交易额	上海证券交易所、深圳证券交易所
货币市场	辖区内银行办理跨境人民币结算金额	中国人民银行
	银行承兑汇票累计发生额	中国人民银行、Wind 资讯金融终端
保险市场	保险密度	各市统计局
	保险深度	各市统计局
其他	当地区域股权交易中心的挂牌公司数量	Wind 资讯金融终端
	进行并购交易的企业数	中国并购交易数据库
	获得 PEVC 投资的公司家数	中国 PEVC 数据库

（二）金融机构子指数

在金融机构方面，金融机构是金融市场的参与主体，也是金融中心建设的重要主体，多样化、富有竞争力的金融机构是金融中心发展的关键。在天府金融指数中，金融机构子指数不仅仅考虑金融机构的集聚效应，更注重金融机构的经营质量和水平，从金融机构的数量、规模、运行质量、风险控制质量和社会声誉方面进行评价。在金融机构的选择方面，包括商业银行、证券公司、基金、保险公司和其他金融中介。详见附表2-3。

附表2-3 金融机构子指数指标体系

金融机构子指数		数据来源
银行	银行业金融机构个数	中国人民银行、中国区域金融运行报告
	银行业金融机构资产总额	中国人民银行、中国区域金融运行报告
	本地法人银行个数	Bankscope全球银行和金融机构分析数据库
	本地法人银行的资产总额	Bankscope全球银行和金融机构分析数据库
	本地法人银行的贷款损失/总贷款	Bankscope全球银行和金融机构分析数据库
	本地法人银行的ROAE	Bankscope全球银行和金融机构分析数据库
券商	本地法人券商个数	证监会
	本地法人券商总收入	各个证券公司披露的财报（合并报表）
	本地法人券商的ROE	各个证券公司披露的财报（合并报表）
保险	本地法人保险机构数	银保监会
	本地法人保险机构ROE	中国保险统计年鉴
	本地法人保险机构资产总额	中国保险统计年鉴
资产管理	本地法人公募基金管理个数	中国证券投资基金业协会
	本地法人公募基金管理资产规模	中国证券投资基金业协会
	本地法人阳光私募基金发行产品个数	中国证券投资基金业协会
	本地法人阳光私募基金个数	中国证券投资基金业协会
其他	30强会计师事务所数量	中国会计视野论坛
	百强资产评估机构数量	中国资产评估协会

（三）从业环境子指数

在从业环境子指数中，根据GFCI的调查，金融的从业环境与金融中心的排名具有最紧密的联系。虽然在一个国家内税收和监管政策差距不大，但金融从业环境依然是金融中心评价的重要组成部分。我们从基础设施、城市环境、制度环境和经济环境四个方面对从业环境进行评价。详见附表2-4。

附表2-4 从业环境子指数指标体系

从业环境子指数		数据来源
基础设施	城轨交通运营线路长度	《城市轨道交通2020年度统计和分析报告》、各城市统计年鉴
	市区年末实有出租汽车数	国家统计局
	机场旅客吞吐量	中国民用航空局
	规模以上快递业务量	国家邮政局
	每百人医院、卫生院床位数	国家卫健委、国家统计局
	每千人执业医师数	国家卫健委
	人均移动电话数	《中国城市统计年鉴》、工业和信息化部、国家统计局
	互联网宽带接入用户占比	工业和信息化部
	长途光缆线路长度与城市道路长度比值	国家统计局、交通部
城市环境	环境空气质量综合指数	生态环境部、国家统计局
	市区绿化覆盖率	生态环境部、国家统计局
	突发环境事件数目	生态环境部、国家统计局
	城市区域环境噪声监测等效声级[dB(A)]	生态环境部、国家统计局
制度环境	国家级试验区（自由贸易区、国家级金融综合改革试验区、国家综合配套改革试验区）	国务院、国家发展和改革委员会、科技部
	司法文明指数总得分	中国司法文明指数报告
	中国城市商业信用环境指数	中国城市商业信用环境指数报告
	第三产业增加值占比	国家统计局、《中国城市统计年鉴》
	人均GDP	国家统计局、《中国城市统计年鉴》

附表2-4(续)

从业环境子指数		数据来源
制度环境	外商直接投资实际使用金额	国家统计局、《中国城市统计年鉴》
	货物进出口总额	国家统计局、《中国城市统计年鉴》
	城镇职工基本养老保险参保比例	国家统计局、《中国城市统计年鉴》
	城镇职工基本医疗保险参保比例	国家统计局、《中国城市统计年鉴》
	政府财政支出占 GDP 比重	国家统计局、《中国城市统计年鉴》
	财政收入/财政支出	国家统计局、《中国城市统计年鉴》

（四）人力资源子指数

在人力资源方面，如果说金融从业环境是金融中心发展的软实力，那么金融人力资源毫无疑问是金融中心发展的硬实力。天府金融指数从人力资源数量、人力资源质量、人力资源基础和人力资源潜力对人力资源进行评估。详见附表 2-5。

附表 2-5　人力资源子指数指标体系

人力资源子指数		数据来源
人力资源数量	金融行业从业人员	国家统计局、《中国城市统计年鉴》
	教育行业从业人员	《中国城市统计年鉴》
人力资源质量	博士毕业人员比例	国家统计局、科技部
	大专及以上人口抽样调查数	国家统计局
人力资源基础	“双一流”建设高校数量	教育部
	教育部经济学学科排名	教育部
	高等学校在校生数	国家统计局、《中国城市统计年鉴》
	普通中小学人均教师数	国家统计局、《中国城市统计年鉴》
人力资源潜力	每百人公共图书馆藏书	国家统计局、《中国城市统计年鉴》
	每百人教育支出	国家统计局、《中国城市统计年鉴》
	城市博物馆数量	国家统计局、《中国城市统计年鉴》

（五）科技金融子指数

科技金融应该发挥的最主要作用是解决科技创新的资金投入和风险分担问题，包括对初创企业的投融资支持、高新技术企业的金融服务、科技创新与金融资本的结合、科技创新风险的分散分担和化解。天府金融指数从科技金融基础和科技金融发展来进行科技金融维度的评价。科技金融基础是当地开展和从事科技金融业务的基础，是科技金融业务发展的需求和潜力。科技金融发展是指当地现阶段科技金融业务发展规模。详见附表 2-6。

附表 2-6　科技金融子指数指标体系

科技金融子指数		数据来源
科技金融基础	科学技术支出占财政支出比重	《中国城市统计年鉴》
	专利授权数：发明	Wind 资讯金融终端
	研究与试验发展经费支出占国内生产总值比重	国家统计局、科技部
	研究与试验发展(R&D)人员/地区常住人口	国家统计局、科技部、地区统计公告
	高新技术企业数	科技部
	高新技术企业总收入	科技部
科技金融发展	科技类企业 A 股上市公司家数	国家统计局、Wind 资讯金融终端
	科技类企业 A 股上市公司市值	国家统计局、Wind 资讯金融终端
	科技类企业进行并购交易的家数	中国并购交易数据库
	科技类企业获得 PEVC 投资的家数	中国 PEVC 数据库
	科创板上市公司个数	国家统计局、Wind 资讯金融终端
	科创板上市公司总市值占 GDP 比重	国家统计局、Wind 资讯金融终端

（六）绿色金融子指数

2020 年 9 月 22 日，国家主席习近平在第 75 届联合国大会一般性辩论中向国际社会做出“碳达峰、碳中和”的郑重承诺，随后，各部门纷纷出台文件扎实推进“碳达峰、碳中和”各项工作。在绿色金融方面，我们主要参考各部门出台文件中的相关举措来搭建绿色金融的指标体系。天府金融指数中的绿色金融子指数主要从绿色金融基础和绿色金融发展两个方面进行评估。绿色金融基础主要是指当地发展绿色金融的迫切程度和开展难度，绿色金融发展是指目前绿色金融业务的开展情况。详见附表 2-7。

附表 2-7　绿色金融子指数指标体系

绿色金融子指数		数据来源
绿色金融基础	污水处理厂集中处理率	EPS 数据库
	空气质量达到及好于二级的天数	国家统计局、《中国统计年鉴》
	单位 GDP 能源消耗	各中心城市统计年鉴
	单位 GDP 二氧化碳排放量	各中心城市统计年鉴
绿色金融发展	环保公共服务类企业数量占 A 股上市公司总数的比例	Wind 资讯金融终端
	环保公共服务类企业市值占 A 股上市公司总市值的比例	Wind 资讯金融终端
	环保公共产业企业进行并购交易的家数占比	Wind 并购数据库
	环保公共产业企业获得 PEVC 投资的家数占比	Wind PEVC 数据库
	绿色债券发行额	Wind 资讯金融终端
	碳排放配额累计成交额	中国碳交易网
	CCER 累计成交量	四川联合环境交易所
	A 股上市公司华证 ESG 评价得分	Wind 资讯金融终端

（七）文化金融子指数

金融支持是文化产业发展获得资金支持的重要途径。推动文化产业成为国民经济支柱性产业，就需要运用金融手段支持文化产业发展，调动全社会参与文化产业发展的积极性，因此金融对文化产业发展的支持至关重要。文化产业和金融资本的相关性日益增强。受制于文化产业的特性，文化金融发展的重点体现在两个方面：一是文化产业的内容吸引，二是金融资本对文化产业的融资满足。参考《中国文化金融发展报告》，天府金融指数的文化金融指标体系主要分为文化金融的基础、文化金融的发展，考察了金融与文化的融合指标，能够较好地捕捉文化金融指标所需要的不同维度。详见附表 2-8。

附表 2-8　文化金融子指数指标体系

文化金融子指数		数据来源
文化金融基础	2020 年电影票房收入	猫眼专业版 APP 手机软件
	PC 浏览量占比	Wind 资讯金融终端
	4A、5A 级景区数量	www.maigoo.com/goomai/198908.html
	文化市场经营机构数量	《中国文化文物和旅游统计年鉴》
	文化市场经营机构营业利润	《中国文化文物和旅游统计年鉴》
	文化市场经营机构资产总计	《中国文化文物和旅游统计年鉴》
	城镇居民人均文教娱乐现金消费支出占人均可支配收入比重	EPS 中国文化数据库
文化金融发展	文化产业企业家数占 A 股上市公司总数的比	Wind 资讯金融终端
	文化产业企业市值占 A 股上市公司总市值的比	Wind 资讯金融终端
	文化产业企业进行并购交易的家数	Wind 并购数据库
	文化产业企业获得 PEVC 投资的家数	Wind PEVC 数据库
	公共财政支出:文化旅游体育与传媒(占比)	Wind 资讯金融终端

（八）农村金融子指数

中国是世界上国土面积第三大、耕地面积第四大的国家，农业是中国经济的根基和命脉。实施乡村振兴战略是新时代做好“三农”工作的重要遵循。如何在乡村振兴战略的新要求、新目标下，实现金融与“三农”的深度融合，做深做细对“三农”经济的支持，是推动乡村产业振兴的重要研究课题。农村金融子指数应运而生，主要从农村金融基础和农村金融发展来考察，前者主要是指当地开展和从事农村金融业务的基础和发展潜力，后者主要是当地开展农村金融业务的具体发展情况。详见附表 2-9。

附表 2-9　农村金融子指数指标体系

农村金融子指数		数据来源
农村金融基础	第一产业增加值	Wind 资讯金融终端
	农用机械总动力	国家统计局、中国农业部
	镇区及乡村消费品零售额占全社会消费品零售额的比重	国家统计局、国家粮食局
	农村居民个人固定资产投资完成额	国家统计局、国家粮食局
农村金融发展	农业及相关服务业企业 A 股上市公司家数	Wind 资讯金融终端
	农业及相关服务业企业 A 股上市公司市值	Wind 资讯金融终端
	小型农村金融机构从业人数	《中国区域金融运行报告》
	小型农村金融机构资产规模	《中国区域金融运行报告》
	新型农村金融机构从业人数	《中国区域金融运行报告》
	新型农村金融机构资产总额	《中国区域金融运行报告》